Olivier & Annie

W0407122

DU MÊME AUTEUR

Cadence, *Christian Bourgois éditeur, 2009*

festival

stéphane velut

# festival

roman

verticales

*© Éditions Gallimard, mars 2014.*

« Les riches n'ont pas besoin de tuer eux-mêmes pour bouffer. »

Louis-Ferdinand Céline
*Voyage au bout de la nuit*

# 1

La mère, ça l'avait contrariée son idée. Attendre encore des jours interminables entre de rares visites, rien se dire au parloir, raconter des sornettes à Solange, ça la rendrait morose.

Alors elle lui lancera cette fois, Flink, il faudrait pas te foutre dans une histoire de meurtre.

Et, juste avant qu'il ne parte équipé jusqu'aux dents – en survêt vieil orange, rasé frais du matin, les chaussures silencieuses, caoutchouc des semelles d'une souplesse remarquable, la prestance du pur-sang, l'agilité du félin, un passe-montagne roulé sur le dessus du crâne, des lunettes irisées de cycliste –, essoufflée comme toujours, elle ajoutera tu sais / les circonstances ça fait pas tout passer / la preuve ton pauvre frère / et d'abord le samedi d'habitude on nettoie / ne rentre pas trop tard et sans Meert s'il te plaît / je l'aime pas ce type-là.

T'inquiète pas, dira Flink, tu sais bien on t'a tout expliqué, bougonne pas c'est le grand jour, ce soir c'est la surprise.

Il embrassera la mère – ça rassure un baiser –, démarrera le scooter, Hélène montera derrière, ils emprunteront l'allée, il foncera avec elle, sentira appuyés contre lui la rondeur et le poids de ses seins, il sentira sa taille, sa taille incomparable, sa taille fine comme une fleur de pommier japonais enveloppée de dentelle, il foncera en pensant à son cul, son cul rond, élastique, qu'il rêve de voir un jour se poser en douceur sur le siège en cuir noir, maroquin doux pleine fleur d'une Triumph Spitfire 1963 rutilante, cabriolet bleu ciel, ou vert foncé d'ailleurs c'est pas mal vert foncé, dans l'allée bordée d'arbres d'un hôtel grand confort plein d'étoiles avec groom à l'entrée, bagagiste dans le hall, moquette rouge, Negresco pourquoi pas, au sortir d'un petit déjeuner en terrasse, Hélène une main sur un chapeau à fleurs, ses cheveux malmenés par le vent de la côte, la vitesse de l'auto fendant l'air d'un matin de printemps, aux premiers jours de mai, Flink, la Triumph et la fille en route pour la Toscane, la Sicile ou la Grèce, enfin loin, en route pour le soleil, les ciels chauds et limpides et bien sûr les grillons – quand ils chantent les grillons ils complètent la photo.

Mais on n'en est pas là.

Pour l'instant la photo n'est pas chouette, même un peu ridicule, on dirait un Pola délavé. On y voit un type mince et debout, figé comme une faïence, qui pose en torero : Flink se regarde de travers, une épaule surélevée et la main sur le flanc, la tête un peu hautaine, il est face au miroir de la mère. Vingt-deux centimètres sur quatorze au fond des cabinets c'est bien peu pour se voir en entier, pas assez de recul. C'est vrai, cette caravane, où qu'on aille on se cogne, et ça, Hélène elle n'en peut plus non plus, tu vois, Mam', lui dit Flink, de ce manque de recul justement, que c'est vraiment petit ici, tous, on n'en peut plus. Ma pauvre Mam', avait-il dû crier – qu'elle entende un peu mieux –, tu t'es même jamais vue en entier. Avec un peu de pognon tu pourrais te faire belle devant un grand miroir, suffirait d'un million et fini cet évier dégueulasse, la toilette au Marseille, la vaisselle à l'eau froide, cette foutue caravane, fini les pneus dehors et la terre à l'entrée, t'entends, Mam', des robes en nylon bleu avec un tas de fleurs, un tout petit million et tu pourrais t'en payer des brouettes, et en prime un machin pour entendre, qu'on soit plus obligé de gueuler.

## 2

C'est une photo carrée aux couleurs fatiguées, les bords criblés de trous et les coins écornés – une relique pour Hélène, la nuit elle la punaise. On y voit un type mince qui pose en torero, au fond un petit miroir. C'est vrai que vu comme ça, l'air hautain et la main sur le flanc, la cuisse contre l'évier, un rayon de soleil dans les cheveux, Flink a l'air d'un con.

Vite dit.

Certes, Flink n'aurait jamais fait directeur. C'était un instinctif, de nature optimiste, pas foutu de planifier – comme il disait toujours à la mère et à Meert, la réussite : une affaire d'occasions, faut savoir les saisir, suffit d'y croire un peu –, mais un type persuasif. Seule la mère n'avait plus guère le cœur d'écouter ses histoires. Sinon, il aurait convaincu un troupeau de touristes d'explorer un désert à vélo. Même Hélène avait fini par croire au moyen de quitter ce brouillard, de sortir de cette crasse, de ne plus se laver dans une eau toujours froide et jaunie, de ne plus dévisser à la pince le robinet rouillé. T'as raison, mon chéri, disait-elle après lui, c'est comme tout ! les occases faut savoir les saisir ! et y mettre du sien !

En tout cas cette fois-ci – elle le pensait encore il y a vingt-quatre heures –, Flink a vraiment tout prévu. À peu de choses près du moins – marmonnera la mère à la fin de cette journée.

Il est vrai qu'ils avaient tant et tant répété avec Meert, qu'à première vue le plan paraissait impeccable. Hélène se voit encore suspendue à ses lèvres quand, un feutre noir en main, il exposa l'affaire sur l'envers déchiré d'un pan de papier peint dont la mère avait gardé un rouleau en souvenir. De voir Flink développer tant d'idées d'un seul coup, elle eut les larmes aux yeux. Et puis elle était engagée et ça n'était pas rien. Elle qu'on prenait d'habitude pour une gourde, qui allait en cachette au cinoche voir des hommes larges comme ça délivrant la planète ou plongeant d'un paquebot pour sauver leur copine et mourir finalement en pleine mer dans la nuit, qui sortait à chaque fois de la salle éblouie et tardait à rentrer pour rejoindre le père, un père qui n'était à ses yeux qu'une silhouette titubante, brutale mais titubante, un homme en pyjama, s'imagina soudain comme une de ces filles ravissantes qui, au terme d'une poursuite infernale dans les rues de New York, passent la nuit dans les bras d'un bandit triomphant au soixantième étage d'un building étincelant au milieu des étoiles. Être sur un coup de mecs, de types qui ont les couilles, embarquée dans un plan comme on voit dans les films, avec un vrai héros, elle en avait rougi de plaisir et d'orgueil. Assise sur le divan, on la vit effectuer une série de contorsions quand son Flink – façon de bien montrer qu'elle comptait dans l'histoire – lança à la fin de son topo : … et pour bétonner le tout c'est Hélène qui aura le premier rôle!

Meert, lui, quatre-vingt-seize kilos, un mètre quatre-vingt-quinze, la tête bien ronde, une cicatrice de brûlure sur la joue, le nez large et les lèvres charnues, le cheveu roux et les oreilles sanguines, l'air simplet mais gentil de nature, avait trouvé l'idée douteuse – une fille – mais s'était contenté de rester silencieux. Pour une fois Meert s'était même abstenu de faire la moue.

De toute façon il n'y avait jamais rien à lui dire, Flink était comme ça : globalement sans diplômes mais une vraie pointure dans l'art du dernier mot. Et surtout pas question de toucher à un cheveu d'Hélène; l'évoquer devant lui et le voilà parti, on le voyait s'énerver de jalousie – parfois même de colère pour peu qu'on ait dit un mot de trop. De quoi en prendre pour quelques jours à ne plus respirer par le nez; avec un type comme lui, fallait toujours se méfier. Donc Meert avait fermé sa gueule.

Il faut dire qu'une fille qui trimbale sur sa bouche un tel goût pour l'amour, forcément ça appâte, ça fait pas mal d'envieux qui convoitent à tout-va et bourdonnent alentour. Hélène traînait dans son sillage un véritable essaim : rien de très surprenant. Elle n'était pourtant pas aguicheuse, ça non, pas pour un sou. C'est étonnant, peut-être, mais c'est ainsi : Hélène avait tardé à accepter ses courbes et c'est embarrassée qu'elle comprit un beau jour le pouvoir de ses charmes, le désir que son corps suscitait sans devoir accentuer sa cambrure, s'habiller en femme comme les filles de son âge, bref en rajouter (sauf avec Flink bien sûr qui l'aimait impudente avec lui, Flink qui était son héros, à qui elle devait tout). Quand on n'a pas de mère pour vous dire d'où vient ce sang poisseux qui vous coule un matin sur les cuisses à la récréation, qu'on panique et qu'on n'ose en parler à personne, quand on tâche de cacher une poitrine qui paraît émerger à la surface du buste comme deux îles sur un lac jusqu'alors sans encombre, qu'on enserre chaque matin d'un bandage de fortune ces deux seins – on a beau se voûter ou porter des tee-shirts de garçons, ils dominent tôt ou tard –, la honte se mêle à la pudeur. Le temps de l'adolescence ne suffit à dompter son malaise, apprivoiser en somme la beauté de son corps de jeune fille. Il faut le comparer, ce corps, à ceux des jolies femmes qui peuplent les magazines pour comprendre l'attrait qu'il exerce, ou simplement l'émoi. Et dans cette solitude – celle de l'autodidacte en matière de douceur et de sexe –, on devient prévenante envers les garçons à boutons qui s'éveillent à leur tour au plaisir, ce plaisir qu'ils découvrent en cachette sous les draps, à l'abri des parents. On leur explique tout ça, les choses de la vraie vie (pour reprendre ses mots), comme aurait pu le faire cette mère qu'on n'a pas eue. On est fière finalement de jouer les grandes sœurs, les filles devenues femmes. C'est vrai on vagabonde dans les cités crasseuses, mais on n'émoustille pas, on est tendre et c'est tout. Allez lui faire comprendre, à Flink, ces degrés de l'affect. Bref, en tout cas pas la peine, avec un corps comme ça, d'ajouter des paillettes à ses propres atouts.

Mais tout de même on vieillit un petit peu, et quand on tient son homme on s'efforce de lui plaire. Hélas le monde est mal foutu : à la fois animé du désir de tenir par la main sa déesse revêtue d'accessoires féminins aux limites du vulgaire et guettant – sentinelle – le moindre regard d'un autre sur ses seins ou sa bouche, Flink n'en pouvait plus. S'il avait, fut un temps, résolu le problème en la sortant rarement, les essaims insistant de plus belle, un jour Flink décida de la cloîtrer. Va sans dire, ce fut en rechignant qu'elle passa désormais le plus clair de son temps à cultiver les roses, les poireaux, les tomates et les choux sur le bout de terrain cernant la caravane. Mais seule Mam' s'en réjouit. Car si les conséquences potagères furent plutôt bénéfiques, les effets sur la vie du quartier le furent moins. Hélène – que naguère on avait l'habitude de voir entourée de garçons, qui était toujours là pour apprendre aux gamins ce qu'était une femme –, disparue soudainement, et c'est un pan entier du plan éducatif de ces ensembles à loyer modéré qui s'effondra d'un coup. Hélène recluse, la belle vie – la vie qu'on s'imagine : adolescent tenant le jour la main d'une fille comme elle, et le soir dans ses bras –, cette vie rêvée mais douce, cette vie de garçon innocent sous le charme, s'évanouit. Ce fut donc au plus grand désespoir de tous les mâles du coin, mais pire encore, au détriment du développement normal des gamins impubères, qu'Hélène déserta un matin les halls de ces immeubles éclairés au néon jour et nuit. Quant à Flink, on l'eût imaginé alors plus détendu, mais non. La savoir cultiver des navets à l'abri des regards ne changea rien, bien vite son naturel jaloux et irritable avait repris le dessus. Qu'on s'inquiétât en ville de la santé d'Hélène, qu'on éveillât ses soupçons en prenant simplement des nouvelles de sa petite amie, et c'était toute une histoire. Au point que le bruit courut qu'elle était séquestrée et que Flink dut se résoudre à la montrer de nouveau pour casser la rumeur. Mais les rares fois où il la promenait en ville, mieux valait éviter de la regarder de trop près : Flink était aux aguets, la contrée le savait.

Il aura fallu que survienne le jour béni de sa transformation pour apaiser enfin ses craintes. Les faits en résumé : portée par une subite envie de faire du cinéma – après tout pourquoi pas –, décidée à remettre de l'ordre dans une dentition éprouvée par un pouce sucé tard et une consommation exorbitante de caramel, la saisit un beau jour le désir de confier son sourire à un vrai spécialiste. Au début quelque peu réticent à l'idée, Flink tout compte fait s'y était résolu. Et puis ça ne coûtait pas. Il ne regretta rien. Car finalement, équipée d'un accessoire aussi impressionnant, Flink n'eut plus guère de soucis à se faire quant à la concurrence. Qui aurait eu l'idée de proposer son sexe à une bouche obstruée par autant d'élastiques et de ferraille? Cette poupée de banlieue – dont les lèvres charnues invitaient jusqu'alors à l'abandon de toute pudeur, appelaient au baiser, voire, colorées de rouge, à la fellation intempestive – avait acquis avec cette chose ahurissante un tel air d'enfant sage et résignée qu'elle aurait dissipé les pulsions d'un taulard en manque. Elle que les filles du quartier évitaient – car c'est connu les femmes détestent les délurées au potentiel sexuel plus élevé que le leur –, d'un coup se vit l'objet de toutes les minauderies – ma pauvre Hélène, c'est quand même drôlement triste ce qui t'arrive, si on peut quelque chose, n'hésite pas. C'est vrai ça fait tellement plaisir d'en voir une moins gâtée par la vie qu'on en serait généreuse, rien que pour la voir mendier une once de réconfort; mais passons ces instincts de chipies. Ce fut en tout cas l'air réjoui que Flink accueillit son amour revenue un matin légèrement confuse (c'est-à-dire pour une fois la bouille un peu timide), les dents métallurgiques et une sorte de mors émergeant de sa bouche tiré jusqu'aux oreilles par une courroie tendue en arrière de sa tête, bredouillant avec peine deux ou trois mots pâteux :

comment tu trouves ? dit-elle. Splendide, Hélène chérie, maintenant on va sortir.

Et les voilà partis dans les rues de la ville pour une estimation de l'effet provoqué par cette nouvelle allure. Résultat concluant. C'était sûr désormais, dans le quartier, Hélène n'attirerait plus guère que le rire des enfants. Imaginez plutôt : talons hauts (si l'on prend pour parti de décrire la tenue des pieds jusqu'à la tête), démesurés en fait, comme les adorait Flink, bas nylon couleur chair, short court à moitié déchiré (pas la peine d'insister sur ce point), petit gilet rose pâle sur un corset beurre frais (un cadeau qui datait de tante Berthe), le tout lacé serré à en faire éclater les deux seins : jusque-là, de quoi faire bander chéri et aussi une moitié raisonnable de la gent masculine. Mais bien vite, arrivé sur la chose enserrant son minois, le regard ne savait plus très bien où finir son parcours sans gêner la pauvre fille et le type qu'elle tenait par la taille. Ajoutez pour conclure des cheveux teintés roux et bouclés camouflant tant bien que mal le machin et vous avez l'ensemble.

Il nous faut toutefois ajouter une nuance au tableau. Car si les yeux des passants qu'ils croisaient dans les rues erraient de sa bouche au trottoir, faisaient mine de ne rien avoir vu, ceux d'Hélène les fixaient dans un petit sourire qui leur disait clairement je-t'emmerde-et-puis-voilà.

C'est aussi ce que Flink aimait bien chez Hélène – ajouté à ses seins prodigieux –, ce côté effronté. Avec cet attirail Hélène s'en donnait à cœur joie. Réjouie qu'il n'éprouve pas de honte à la promener comme ça – une vraie preuve d'amour, n'est-ce pas ? –, elle marchait tout sourire et Flink s'en amusait. Journée radieuse en somme que celle de cette métamorphose, jolie journée d'automne qu'ils passèrent dans les rues de la ville, ravis de s'afficher, allant d'une boutique à l'autre (sans acheter, cela va de soi), seulement pour le plaisir d'essayer les chaussures les plus chères, des chapeaux de grande marque, des jupes de couturier, sous les yeux à la fois agacés et gênés des vendeuses.

Ce jour-là ils finirent leur virée chez Pelé, s'empiffrant de macarons et de tartes aux framboises avec l'argent de la mère. Et retour tard le soir au Camping de la Mouette.

## 3

Huit heures trente du matin, Flink finissait d'affiner son allure en attendant Hélène qui, comme c'était le week-end, s'occupait des poubelles. Le soleil du matin déjà chaud filtrait en rais étroits à travers les petits rideaux rouges, un peu courts il est vrai mais juste ce qu'il fallait pour se sentir chez soi. La cafetière gouttait péniblement un jus brun sans arôme – on aurait bien aimé ce matin une odeur de café, mais non, ici d'odeurs toujours les mêmes : des fumets de vieux choux mélangés aux relents d'eau de Cologne bon marché, des effluves un peu rances, quelque chose du terrier, toute l'année c'est l'air tiède, confiné, d'un espace exigu rarement ventilé qu'on respire. C'est bien joli les caravanes, avait dit Flink à Meert un soir de confidences, c'est bien joli tu vois mais hormis les idées de voyage que ça donne, quand ça stagne sur deux roues et qu'une vieille y séjourne, qu'elle rechigne toute la semaine à se laver à l'eau froide, très vite ça sent le renfermé. Meert, un peu confus, n'avait pas relevé, avait frotté ses bottes sur le petit perron – trois marches métalliques sous un auvent de toile éclairé d'une ampoule engluée de mouches mortes –, et fixant le potager s'était dit qu'après tout une maman, sale ou pas, grosse ou pas, ça devait être drôlement chouette. Enfin ! ne nous attardons pas sur les émanations que recèlent la plupart des cuisines qu'un défaut évident de fenêtre conjugue pour le malheur des hommes à une taille ridicule.

Huit heures trente du matin donc, Flink était aux cabinets.

Flink / le samedi d'habitude on nettoie tu sais bien / t'aurais pas pu faire ça demain / ton coup du siècle ?

On nettoiera dimanche, Mam' ! promis ! ferai ça avec Hélène, de fond en comble ! ça prendra pas des heures. De toute façon dimanche, on pourra foutre le camp avec un paquet de blé.

Tu dis ça mais j'ai pas d'illusions, dit la mère qui, assise sur le divan, épilait ses grosses jambes à la pince et déposait ses poils dans un bocal à sucre qui comptait bien dix ans d'une récolte abondante – détail sans intérêt si ce geste soigneusement répété depuis la mort du père n'était que le témoin d'une rancœur envers lui, une rancœur attisée chaque fois qu'elle était contrariée, comme tout le monde le savait.

On savait en effet qu'en tirant un à un sur ses poils elle narguait le défunt qui l'avait toute sa vie injuriée parce qu'il la trouvait moche, parce qu'il la trouvait grosse et drôlement différente des filles à la télé – avachie que tu es, ma pauv'Guitte, c'est pas avec des pattes velues et des nichons pareils qu'il faut compter chanter ou bien jouer dans des films. Alors oui désormais, Guitte – diminutif sans doute de Marguerite –, façon de se venger d'un époux pétri de cruauté (aujourd'hui à six pieds sous terre, certes, mais qui n'avait guère mérité une femme mieux foutue qu'elle), s'épilait, se pomponnait, se couvrait de fond de teint, se colorait les cheveux, montrait au monde entier qu'elle aussi aurait pu s'en sortir. Même si le monde entier, pour Guitte, ça n'était qu'un morceau de terrain oublié sous les pins, une caravane Airstream modèle américain 1967 carrossée comme un obus d'alu, un jardinet autour, un petit potager, deux pneus, un massif de roses rouges à l'entrée, une ampoule au-dessus de la porte, sous un arbre la voiture à pédales rouillée de Serge son aîné (qu'elle ne reverrait pas avant l'exécution), Flink, le facteur le matin, le boucher, le crémier et puis Solange aussi (Solange qu'avait mal débuté dans la vie, s'y prenait comme un manche, toujours collée au plus mauvais côté des choses) – quand on pense à ce qu'elle aura enduré, Solange. Ça en faisait sourire mais Guitte se persuadait qu'elle aussi aurait pu en son temps donner la réplique à Gable ou Mitchum ou Brando ou Fonda pourvu qu'on l'eût laissée partir, quitter ce camping désaffecté et ignoré somme toute du monde entier, parfois même du facteur justement quand les pluies transformaient le terrain en un vrai marécage. Vaine ambition, c'est vrai, l'épilation soigneuse de ces jambes de vieilles femmes en ce jour de printemps vu que Clark et Robert et Marlon et Henry sont morts depuis longtemps, mais n'empêche, quand on risque chaque instant de tomber nez à nez avec un producteur en allant faire ses courses, faut savoir prendre les devants. Car la mère y croyait aux hasards des rencontres, aux belles choses de la vie, voyez-vous, aux destins comme on voit dans les films le dimanche juste après la potée du week-end, juste avant de dormir la tête pleine de Gable, Bogart et compagnie.

La preuve, répétait-elle, combien ont été repérées dans la rue qu'on avait vues plus tard tout en haut de l'affiche / y a qu'à prendre Monica Bellucci / avec du poil aux pattes elle en serait où cette fille ? / tu peux me dire hein fils ? / tu ne veux pas y croire que ta mère ait ses chances / tu vois que dans Hélène / t'as pas vraiment idée du talent qu'a ta mère / le potentiel maintenant c'est comme ça que ça s'appelle / le cul ça fait pas tout / on en connaît d'ailleurs qu'avaient pas un beau cul qu'en sont sorties quand même / Balasko par exemple / voilà un bon exemple.

T'as dit quoi, Mam' ?

Rien fils / je disais que je voulais pas voir Meert / Hélène je ne suis pas contre / je l'aime bien cette petite / la pauvre elle doit souffrir / mais ton Meert il s'empiffre / au moins avec ses élastiques Hélène elle est bridée sur le plan du manger / mais Meert c'est un vrai porc tu vois / ta mère elle est pas regardante mais faut pas abuser / alors ton Meert non / Meert c'est un cochon / en plus il fait pas attention à mes roses en entrant / une fois il a même dit que les roses d'une façon générale il s'en foutait pas mal / tu comprends ça dis-moi ? / comment d'une façon générale on peut se foutre des roses / moi je dis que ton Meert il lui manque quelque chose / rentre sans lui ce soir / bien sûr avec Hélène / mais pas plus c'est promis ? / dis-moi que c'est promis.

Comment tu trouves, dis, Mam' ? le passe-montagne, regarde ! et t'as vu les lunettes ?

Je te l'ai dit / à Cannes en mai un passe-montagne ça jure / quant aux lunettes comme ça / encore / sur un vélo / ou au bord de la mer / mais pour le cinéma / et en plein festival...

C'est pas au cinéma qu'on va, Mam', t'as vraiment rien compris, le cinéma... enfin...

J'ai compris à peu près / et justement ton plan je ne le sens pas tu sais / d'abord tu as pensé à l'allure qu'on aura ? / cette foutue caravane / faudrait pas leur montrer l'intérieur / au soleil ça en jette mes roses rouges à l'entrée et la tôle qui reflète / mais dedans y a pas ça dans les films / on aura l'air de quoi / c'est minuscule ici / tu veux pas qu'on arrange ? / que ça soit présentable / hein ? / c'est même pas nettoyé.

T'oublies ton potentiel, Mam'. C'est pas la taille qui compte, je dis moi que les couleurs ici c'est plutôt chatoyant, faut éclairer, c'est tout. Qu'y a rien à changer.

Vraiment rien à changer.

Depuis que les anges (qu'invoquait souvent Guitte) avaient inondé par deux fois le Camping de la Mouette, le préfet décrété la zone inhabitable, depuis que les flopées de vacanciers estivaux (arborant short, claquettes, tongs ou espadrilles, maillot deux-pièces en lycra à motifs) avaient dû déserter pour toujours ce sous-bois (emportant du même coup voitures break, tentes nylon, caravanes, barbecues portatifs, bonbonnes de Butagaz, marmots, braillards infatigables les mains toujours collantes), depuis que chiottes et douches collectives avaient été rasées ; pour le dire plus crûment : depuis qu'on avait fait pour de bon une croix sur les pauvres, ensuite que la nature avait repris ses droits, fougères et champignons, épineux buissonnants, herbes folles et ronces vives recouvert les derniers papiers gras, noyé les détritus dans un humus trempé plus de la moitié du temps, depuis ce matin radieux d'avril où le père, la mère et Flink avaient péniblement poussé l'Airstream jusqu'à l'ombre des pins géants – dût-il, le père, y laisser sa vie le soir même (ma Guitte, avait-il dit, je peux plus respirer, avant de s'effondrer) –, depuis qu'ils l'avaient enterré la nuit dans son costume pied-de-poule et sa chemise vert d'eau, depuis que les roses avaient poussé dessus, que Flink avait installé dix-huit panneaux solaires (volés à l'entreprise d'où voilà quelque temps il s'était fait virer), qu'il les avait perchés comme de grands cerfs-volants abîmés dans les arbres, depuis qu'ils avaient l'eau courante (on ne sait pas comment), bref, depuis que les anges avaient fait de la vie de Mam' une chose supportable (abstraction faite des séjours répétés de son jeune Flink en taule, de l'aîné presque mort et des petits soucis que l'argent décidément tardait à venir effacer), depuis tout ce temps donc – Flink avait raison –, y avait rien à redire. Quasiment rien pour Guitte.

Et si l'on peut se permettre un regard extérieur sans offenser quiconque, disons-le sans ambages : que les dettes de jeu du père aient englouti successivement l'héritage de la tante, la fourgonnette toute neuve, les meubles de famille, en fin de compte la maison tout entière, avec un homme pareil c'était l'ordre des choses. Et que ses coronaires aient fini par lâcher alors même qu'il poussait ce radeau sur deux roues que les économies de la mère venaient de sauver du naufrage, c'était un vrai cadeau.

C'est d'ailleurs ce que disait la mère au moment de jeter la dernière poignée de terre sur la tombe encore fraîche : les choses de l'existence ne sont pas si mal faites / la preuve. Ajoutons que l'avenir ne la contredit pas : que les roses fussent aussi magnifiques au-dessus du cadavre montrait bien que sa place était là. Comme quoi...

Dans un sens, lança-t-elle un dimanche, les yeux sur les rosiers, on a quand même bien fait de lui improviser une petite tombe ici / c'est pas très régulier mais finalement / tu vois / en dehors de Solange / qui donc sait qu'il est mort / on nous en parle jamais / toute façon les papiers le cercueil / tout ça nous aurait coûté cher / et là-bas au cimetière / les fleurs faut les acheter.

Ainsi on s'accommode.

Seule ombre au paysage : le poids.

Flink régnait « à la maison » pour une raison simple : sans lui, la mère savait qu'elle serait à ce jour sous les roses aux côtés du défunt mais toujours aussi loin de Clark et de Marlon. Non pas terrassée par l'effort, bien au contraire, non : anéantie par l'inertie, accablée par les graisses, domptée par l'attraction terrestre.

Parce que l'obésité au quotidien, pour peu qu'on habite à l'étroit, est une absolue servitude. Sans quelque talent d'aménagement, être grosse est en soi un calvaire où se succèdent sans fin tant de problèmes de transport, de place et de toilette que tôt ou tard il apparaît plus simple de ne pas se lever. Après le désespoir de ne pouvoir bouger qu'au ralenti, finit par advenir une résignation à ne plus se mouvoir sur deux jambes, avant de s'en tenir à la mobilité infime du cétacé échoué sur la banquise. Renoncement qui confinera bien vite à l'autodestruction dans une consommation sans bornes de produits caloriques. Flink le savait bien : la mère un peu plus finirait comme un meuble. Posée. Les diverses tentatives de sa part d'encourager maman à faire un brin de ménage, bêcher le potager, ramasser les patates, bref faire de l'exercice, ayant échoué les unes après les autres, Flink aménagea. Les faiblesses du scooter résolues (châssis renforcé, pneus à carcasse radiale, freins à disque, selle de tracteur et construction d'une remorque pour y fourrer les courses), il avait élargi d'un bon pied la porte de la caravane (que la mère puisse y entrer de face), bloqué les suspensions (évitant le tangage à chaque pas), consolidé et déplacé le lit dans le living (quitte à ne plus pouvoir manger que côte à côte), fait sauter les cloisons (ce ne fut pas le plus laborieux, elles étaient minces comme tout), réduit la taille des chiottes au profit de la douche et soudé des renforts à chaque chaise. Si l'attrait esthétique de l'ensemble était pour le moins critiquable, son aspect fonctionnel était incontestable – à en juger du moins à l'aisance de la mère qui parfois ébauchait des petits pas de danse au retour de son fils en soirée. Bref, grâce à Flink, Guitte se mouvait pratiquement sans encombre dans l'espace exigu de l'Airstream. Solange le lui disait : mon amie, vous êtes drôlement agile pour une femme de votre âge, et remerciez le ciel de vous avoir donné un garçon si dévoué. Mais n'était là chez Flink aucune abnégation. Il maintenait simplement la maman en état de travailler, histoire de bien dîner, manger de bonnes tomates, ne faire ni vaisselle ni lessive, coucher avec Hélène dans des draps repassés et consacrer son temps à fabriquer des mouches.

# 4

Huit heures quarante-cinq du matin, Hélène frappait la vitre des cabinets en souriant à pleine bouche : lèvres rouges, cils bleu-noir papillon, le visage étincelant. Oublions ce qui barrait ses joues rondes, Flink s'y était habitué et pour cause, il l'avait désormais rien qu'à lui. Et d'ailleurs qu'importait son sourire, Hélène avait les seins les plus tendus du monde et un cul magistral. Tout compte fait la notion de beauté selon Flink se pliait à une règle assez simple : il y avait sur terre ce qui était soit moins beau, soit presque aussi beau que le derrière d'Hélène. Règle qu'il mettait de temps à autre à l'épreuve en observant ses fesses sous diverses postures, toujours avec succès. La mère sortie sur son scooter, Flink demandait par exemple à Hélène d'arpenter dénudée les allées du petit potager juste pour en contempler l'inimitable ballant. Un jour, à titre comparatif, les yeux rivés dessus, il lui imposa même de s'exhiber ainsi, chaussée de talons hauts. Assez vite la conclusion s'imposa que la chair de ses fesses ne ballottait qu'une seule fois amplement à chaque pas les pieds nus, alors que rehaussés, c'étaient deux petits tremblements amortis successifs qui l'animaient. Fait que la physique fondamentale aurait vite démontré par des moyens moins jouissifs, il en était de même du flottement de ses seins. Autant dire qu'en privé la préférence de Flink allait aux escarpins et le corps sans rien d'autre – hormis la chose bien sûr, inamovible. Terre du potager humide ou pas, dès que la mère était en ville, voilà donc notre Hélène entièrement nue ou presque, ses talons hauts pataugeant parmi les rangs de tomates et Flink assis sur les marches de l'Airstream, les pieds entre les roses, la main dans la culotte, à dire encore encore, demi-tour on repart, magnifique, ma chérie. Immanquablement, Flink n'y tenant plus, le manège s'achevait sur le lit de la mère dont surface et renforts autorisaient alors les cahots tapageurs de leurs ébats sexuels.

Inutile de préciser que la mère avait fini par découvrir leur petit jeu et que, lorsqu'au retour des courses elle voyait les escarpins d'Hélène tout crottés à l'entrée de l'Airstream, elle savait à quoi s'en tenir. Autant refaire un petit tour de scooter ou feindre d'arroser les fleurs en attendant de voir réapparaître Hélène dans l'encadrement de la porte, les cheveux en désordre à chercher ses chaussures. Et si dans son cabas se trouvaient quelques glaces, au lieu de les laisser fondre en attendant que Flink ait fini son affaire, elle s'en goinfrait tout de suite. Hélène moins taillée pour l'amour, Guitte en eût été sans doute un peu moins grosse. Mais la mère pouvait bien patienter plus d'une heure au soleil, des frasques sexuelles du couple, de l'impudence d'Hélène et du cul de cette fille qui valait à lui seul la beauté d'une comète, Guitte n'était nullement jalouse. Bien au contraire. Guitte était fière de son fils qui / lui au moins (c'est-à-dire à l'inverse du père défunt), disait-elle à Solange / lui savait regarder le corps des femmes. Avoir engendré un homme prévenant auprès du sexe faible relevait d'une entorse inespérée aux lois de la génétique humaine, alors autant que ça se sache. Quant à Hélène, Guitte y voyait une de ces héroïnes de sitcom dont elle rêvait la vie depuis toujours. Elle était comme ça, Guitte, disons sentimentale – certaines comme son amie Solange la disaient romantique.

Concrètement on n'aura pas trop de mal à la voir avachie dans le sofa de neuf heures à midi, un Coca à la main, adulant des pétasses – mères et filles confondues palabrant sans arrêt sur l'avenir de leur couple. D'un épisode à l'autre, on pardonnera à Guitte que ces blondes convoitées par tant de jolis bruns riches et bien peignés la transportent à mille miles. Vers midi, quand il fallait enfin s'extraire du canapé pour se « faire à manger », elle éteignait le poste, envahie par la vague impression d'une certaine légèreté qu'elle-même n'avait jamais connue. Et quand le scénariste avait plongé soit la mère, soit la fille dans d'horribles tracas, les siens s'évaporaient. Voilà qui valait bien des drogues. Question niaiserie, Guitte n'était pas regardante – ceux qu'aiment pas, disait-elle, ils y comprennent rien. Guitte était une affective, une fleur bleue, bon public. Et puis on ne dira pas le contraire : quand on n'a entrevu la richesse et l'aisance qu'à la télévision, on s'en gave et on est tolérant sur le reste. Nourrie depuis trente ans à la sève sédative des feuilletons, Guitte avait fait de ces gourdes bien coiffées une sorte d'idéal.

Alors Hélène, de surcroît frappée par la disgrâce dentaire aux seules fins de ressembler de loin à Grace, Sharon ou Pamela, avait toutes les raisons d'emporter les faveurs de la mère. Qu'ils baisent donc à tout-va : très bien. Pour un peu elle les aurait encouragés.

Hélène, c'était sa seule revanche sur la terre tout entière. Cette terre qui lui avait servi, jeune fille, un porc en guise d'époux, ne lui avait repris que bien trop tard, à un âge où la peau se relâche et où fond avec elle l'espoir de ne plus dormir seule. Cette terre qui ne lui avait jamais offert qu'une minuscule partie de sa surface, et encore, une parcelle sordide imprégnée de cafard et de cendre, à Lestrem, tout au nord de la France, noyée dans le brouillard de septembre à juillet, coincée entre une voie ferroviaire, un arbre, un portail envahi de mauvaises herbes et un voisin malingre qui faisait gueuler sa radio jour et nuit. Un lopin qu'elle n'avait quitté qu'une fois, du temps du père, au lendemain de la mort de sa pauvre petite, la seule véritable douceur de sa vie, disparue un beau jour de novembre, c'était il y a dix ans. Voilà.

Alors Hélène, maintenant, elle pouvait bien en jouir du fils et du couvert, Hélène c'était sa seconde fille, c'était sa Pamela, sa petite Bellucci, tout cela à la fois. Elle avait même fini par trouver dans ses traits un faux air de sa pauvre petite ; c'est vrai, à y bien regarder, on y retrouve les joues un peu potelées, les yeux verts et les cheveux bouclés. On n'est pas des experts mais quand même il y a quelque chose. Quand on voit cette photo de la plage où Hélène barbotait dans le sable à quatre ans, il y a quelque chose de Victoire, pour ceux qui l'ont connue.

# 5

Il n'était pas neuf heures, Guitte pommadait maintenant ses cuisses les yeux sur la télé où Depardieu souriait entouré de photographes, Flink jugeait dans le miroir son allure à peu près formidable quand il perçut Hélène derrière la caravane frapper au carreau des toilettes, simuler tant bien que mal un baiser puis lentement, en redressant ses jambes, monter en ondulant devant l'encadrement de la petite fenêtre qui fit comme un écran détaillant son visage puis son cou et son buste.

Plein cadre sur Hélène qui retrousse son tee-shirt et découvre ses seins. On ne voit plus que ça, deux nez de bombardiers tendus jusqu'à la pointe, superbes. L'image ne montre pas Flink en train de se branler tandis que la gamine malaxe ses tétons, on ne voit que du lait s'étalant sur la vitre.

T'es là fils ? / t'as pas entendu du bruit dehors ? / va voir / ça serait pas Meert au moins ?

Flink éjaculait tandis qu'Hélène continuait de pétrir sa poitrine, les yeux sur son sexe bandé – vu d'en haut, doux Jésus, quelle douceur et quelle force un sexe de torero. Puis Hélène remballa ses deux seins à la hâte, empoigna les poubelles, fit le tour de l'Airstream, entra et embrassa la mère – la mère qu'Hélène appelait Mam', comme une belle-maman, parce que « Guitte » ça aurait sonné faux et que « Mam » ça faisait plus famille, que ça liait sacrément tout compte fait de s'appeler comme ça, « Mam » et « mon enfant ».

Mam' l'embrassa avec peine sur les joues – quelle beauté cette petite-là quand même / la pauvre avec ça qui lui sort de la bouche / quelle souffrance / c'est vraiment pas pratique / quand on pense qu'y en a d'autres qu'ont tout.

Quand on pense qu'il y en a qui rayonnent et n'ont besoin de rien pour que les choses aillent mieux (ni docteur, ni dentiste, ni machin), que ça leur fait les palaces à pas cher, les taxis disponibles, les coiffeurs accueillants et des fleurs pour un oui pour un non. Quand on pense qu'il y en a, comme ça, à qui la nature (enfin on ne sait trop qui) a déjà tout donné, qui n'ont qu'à hésiter entre un plaisir et l'autre, la montagne et la plage, l'hôtel et la villa, New York et les Grands Lacs... et puis qu'il y a les autres qui n'ont rien dans l'histoire, épongent les reliquats. Quand on y pense... c'est vrai : à l'heure où Guitte faisait maintenant réchauffer le café de la veille, Jodie Foster hésitait entre viennoiseries et pain-beurre, le restaurant face mer et le jardin terrasse, Clooney faisait son footing sur la plage suivi par son chauffeur, Tarantino somnolait dans l'avion, quant à Kidman : au lit. Mais c'est un peu facile… arrêtons là, on ne va pas contredire les théories de Guitte, ça emmènerait trop loin.

Tu vois c'est ça qui lui a manqué / Hélène / un Jésus dans sa vie / pour faire du cinéma / et dormir dans la soie.

T'as dit quoi, Mam' ?

Rien / fils / rien / finis vite y a Hélène qui revient des poubelles.

Flink remballa lui aussi son affaire, reculotta serré, ajusta ses lunettes et leur fit la sortie de l'année. Fini, Mam', mate un peu !

Surgi des cabinets, Flink a le sourire et les bras accueillants d'un vendeur de voitures, le clin d'œil du tombeur en option. Les lunettes sont de cycliste, le passe-montagne est bleu tiré comme une chaussette, maillot de corps irisé assorti au caleçon long moulant (motifs territoires d'outre-mer ; pour faire court : palmiers verts sur fond ciel orangé, rien de plus abominable). Objectons que lui manquent les chaussures mais les chaussures c'est toujours ce qui coûte, il faut les ménager, les enfiler d'un coup, au tout dernier moment. Certes Flink aurait pu adopter les souliers de papa – cuir noir et bouts métal, du temps où il faisait gardien – mais ça manquerait d'aisance. Non, rien de tel que le souple d'une Nike, la paire jaune suspendue à son cou par des lacets tout neufs. Corps tendu, muscles à vif, les pieds nus, il pose à l'espagnole, le poignet sur la hanche et le torse bombé, Flink en demi-cercle.

Neuf heures passées maintenant, tout compte fait Jodie opta pour des œufs coque en chambre, Clooney en nage appela son chauffeur, Tarantino s'endormit pour de bon dans son siège classe affaires, Kidman, toujours au lit.

Arrête tes simagrées / fils, dit la mère en amenant le café sur une jante en plastique / viens donc prendre un peu de chaud / je vous ai fait des toasts.

Ah, mon Dieu, quelle merveille, dit Hélène, calée sur le divan tout au fond de l'Airstream, on dira ce qu'on voudra, y a pas deux Mam' comme vous pour faire avec les restes.

On ne démentira pas, Guitte excelle dans l'art du recyclage, discipline aux domaines très variés qui réclame du métier. Il existe en effet toute une science des toasts en l'absence de grille-pain, toute une technique de la gelée fruits rouges sans framboises, ni cassis, ni myrtilles, ni fruits du tout d'ailleurs, tout un art de la crème au saindoux. Guitte vous le dirait, c'est un art d'être pauvre et nourri, même si elle conviendrait que le jus ce matin était pire que celui de la veille. Enfin bon vous voyez mon enfant / et c'est à ça aussi que ça sert un Jésus dans sa vie / du café toujours frais et de la confiture, aurait-elle ajouté.

L'air rêveur, Hélène lui aurait répondu qu'elle l'avait déniché, son Jésus, que c'était fait, bien fait, un matin de printemps, et que le café frais, elle s'en fichait pas mal.

Ce matin de printemps lui serait revenu, elle aurait revu Flink la veille s'engouffrer sous un porche, traqué par les sirènes, un butin de vingt briques dans un sac en plastique, au bord de la syncope, une pluie torrentielle sur la ville ce soir-là. Elle se serait rappelée l'avoir monté chez elle sans trop savoir pourquoi – ce n'était qu'un jeune type qu'avait l'air épuisé, qu'elle avait accueilli dans sa toute petite chambre, un gamin qu'elle voulut protéger quand le père le reçut à grands coups de pantoufle en hurlant à sa putain de fille qu'en avait levé un pour le sucer gratis : salope, tu peux foutre le camp et rejoindre ta mère, salope de mes deux couilles, avait-il gueulé sur le palier pour la dernière fois. Elle se serait revue déguerpir avec lui et puis, confusément, se serait souvenue des jours qui ont suivi, combien, elle ne sait plus, on ne se souvient jamais des temps d'une rencontre, mais seulement des odeurs et des lieux.

Soudain être deux en cavale avec un paquet de fric, une nuit de tempête passée dans un sous-sol qui sentait le gasoil, ça avait fait des liens. Avant le lever du jour, Flink l'emmena en cachette au Camping de la Mouette. Hélène s'en trouva tout émue : une caravane pareille en plein sous la pinède c'est beau comme un avion, ça sent si bon la sève, elle dit en pataugeant. Puis ce furent des moments de bonheur véritable à l'insu de la mère dans le lit de Jésus qui sentait la lessive, un beau magot dessous (de quoi se faire la malle quand les choses iraient mieux). Mais rien ne s'arrangea. Après trois jours radieux on le prit un matin pour le remettre au trou. Il faisait encore noir et des types harnachés de bardas pour manif déboulèrent dans ce petit recoin où ils dormaient tranquilles, enlacés sous les draps. Ils les secouèrent du pied, Flink enfila ses vêtements et partit escorté sans l'avoir embrassée, pas la peine d'en faire trop.

Alors Mam', ayant fait connaissance, avait gardé Hélène, comme une partie du fils.

L'été suivant on les voyait parfois, la vieille et la gamine en promenade sur la plage ou roulant en scooter un panier de patates à l'arrière, en attendant le fils, patientes et résignées. En un an et trois mois on avait eu le temps d'échanger ses malheurs (parfois même sans Solange), regarder la télé, disserter sur les hommes (le mari mort du cœur, le père en pyjama, leurs accès de colère, le tanin de leur verre et leurs pieds toujours sales), rendre visite au fils en scooter jusqu'à Nice et lui faire des gâteaux qu'il était interdit de laisser au parloir mais qu'on faisait quand même et qu'on dégustait seules de retour au camping. On avait eu le temps de penser à l'avenir – on a beau ne pas y croire, ça fournit des idées. Hélène s'y attacha à Mam', et la mère à Hélène, c'est assez naturel ces choses-là quand à deux on partage le même lieu, qu'on s'enlise en même temps dans les rêves, qu'on attend le même homme et qu'on n'a pas le même âge.

Le jour de sa sortie, elles allèrent l'accueillir dans la rue plantées tôt le matin devant la porte cochère de la maison d'arrêt. Elles avaient récolté des figues au milieu de la nuit dans les jardins du maire, un panier grand comme ça. Flink comprit ce jour-là qu'Hélène faisait maintenant comme partie de la famille, ce qu'il en restait du moins, qui incluait la mère, les pneus et les roses à l'entrée. Elles marchaient devant lui ; de les voir avancer côte à côte, elles ensemble pour de vrai, les deux seules véritables amours de sa vie, il en avait chialé. Ils prirent un café crème dans un troquet d'où on voyait la côte, Flink se le rappelle peut-être, cet élan de bonté, c'est ce jour qu'il promit de ne plus remettre ça. La mère y avait cru.

# 6

Environ neuf heures quinze, le poignet sur la hanche et le torse bombé, Flink le torero a conservé la pose, la cuisse contre l'évier, sous l'œil réjoui d'Hélène. Le viseur est tout petit mais quand même, quel panache, moi je dis, mon chéri, qu'avec toutes ces couleurs, en photo tu rendras magnifique. Profite du soleil, vas-y, clique, ma beauté, encore une ! Il est superbe, hein Mam' ? dommage qu'on n'ait plus de pellicule. Vous voyez, le voilà, mon Jésus, et tant pis pour celui qui fait du café frais, moi je préfère mon Flink, et d'ailleurs, y a pas de doute, le seul sur qui compter par les temps qu'on vit là, avec vous Mam' bien sûr, c'est Flink, il déçoit pas souvent. Et pour cause, dit la mère, question confiance / il n'y a pas à dire / la taule tous les six mois / on peut compter sur lui / ça serait comme sa résidence secondaire. Ce à quoi, sans retenue, Hélène répondit en pouffant de bon cœur et continua de rire sans voir que Guitte s'était mise à pleurer de grosses larmes.

Patatras, pensa Flink, c'est reparti, grand retour en

arrière, que la prison des fils lui revienne en mémoire et un flot de détresse lui salait son café. Bientôt les remords de la mère remontèrent en surface. Le père pour commencer, qu'elle avait obligé à pousser cette foutue caravane – avec son cœur fragile / ça l'avait tué, le pauvre. L'avoir enterré là, ensuite – et d'ailleurs si jamais on le trouve. Ce fut au tour de Serge qu'elle ne reverrait pas – c'est si loin le Texas / on n'y parle pas français. Puis des malheurs du monde, depuis les champignons sur la tombe de sa petite Victoire qui était dans le Nord – mon Dieu / comment j'ai pu la laisser là-haut sans personne à côté – jusqu'à la mort de Sue au dernier épisode. Un peu plus, pensa Flink, et tout allait foirer.

Allons, Mam', compte sur mon potentiel, tu sais c'est comme le tien, fais confiance pour une fois !

Mais comme Mam' sanglota de plus belle, Hélène s'y mit aussi : Mam', soyez tranquille… cette fois Flink y va sans arme… du moins on a pris que des faux… c'est plutôt rassurant.

Rien n'y fit, Flink eut beau ajouter : ça sera comme un jeu, une sorte de fête, il fallut un torrent de réconfort pour que Guitte finisse par tarir son chagrin.

Neuf heures trente. Si le plus gros était fait, restait maintenant à convaincre maman de prêter son scooter : multiples compliments sur les toasts grillés, le café réchauffé, quelques bises çà et là, promesse de s'occuper des fleurs au retour de l'affaire, perspective d'un goûter chez Pelé un dimanche en été, et puis consolation concernant Pamela qui, de toute façon trompée deux fois et totalement ruinée, au moins était morte sans souffrances – c'était Sue, dit la mère amorçant un sourire.

Un sourire et voilà, gagné, marché conclu.

Arrivés à l'entrée du camping – enfin ce qui restait de cet ancien trois-étoiles : vague enseigne pendouillante où LA MOUETTE avait perdu son O et CAMPING ses trois dernières lettres –, petit problème pour Flink : Hélène se mit à pleurnicher au lieu de pousser le scooter pour le faire démarrer. C'était déjà pas simple mais alors là tu vois va falloir qu'on m'explique ce que vous avez toutes à pleurer comme des vaches ce matin. Ton papa qui te manque ? ton machin dans la bouche ? ou la trouille, c'est quand même pas la trouille ? T'as quand même pas la trouille ?

Mais non, tu comprends vraiment rien, mon chéri… quand même on a menti pour avoir le scooter… et la bouffe et le linge et tout le reste, on l'embobine drôlement, quand même, ta mère, tu trouves pas qu'on abuse ?

C'est vrai, répondit Flink, on a beau être gentils, n'empêche qu'on l'embobine, y a rien à dire à ça, on n'en fout pas une rame, on profite du confort si je puis dire, mais tout ça tu sais bien qu'on le met sur ma note et c'est bien la raison pour qu'on y aille. Allez, puce, te fais pas tant de mouron, tu sais bien qu'au final on fait tout ça pour Mam'. Pour Mam' et pour ses roses et sa télé couleur et ses robes à motifs. Parce que je me disais, tu vois : si Pamela est morte, enfin Sue mettons, y aura bien une Brenda ou une June pour lui tourner la tête ! T'imagines un écran de la taille d'une affiche, des baisers gros comme ça ? Plein les yeux ma poupée qu'elle en aura la Mam' ! Allez monte on y va.

C'est vrai, tout ça n'était pas simple, mais avec le facteur féminin ça devenait carrément compliqué. Des fois on comprend que le père il buvait comme un trou. Toutes ces larmes qu'elles nous font, ça vous ferait lâcher. Allez, Flink, un peu de nerf si tu veux pas finir sous un massif de roses encerclé par un pneu au pied d'une caravane dans une clairière boueuse après une crise cardiaque.

Allez, sèche-moi ça, ma poupée, et cache un peu ton truc. Viens, et t'en fais pas.

# 7

À cette heure, Meert, lui, arpentait le quai de la gare à distance de la foule, bien loin de la cohue et des types en costume, lunettes noires, oreillette. Admettons que ce Clint ait une bien jolie gueule mais Meert, une dégaine pareille… savaient pas ce qu'ils rataient, tous ces types encombrés d'objectifs longs comme ça qui hurlaient en anglais pour que Clint leur adresse un sourire. Ils se seraient retournés, ils avaient à portée un gaillard de deux mètres trimbalant avec lui une valise d'existences. De quoi faire une expo, pièce unique, grand format. Inutile qu'il raconte ce qu'il lui était arrivé, à le voir on devinait à coup sûr qu'il traînait avec lui plus d'histoires qu'en racontent les journaux. Pas la peine qu'on s'approche, qu'on s'attarde un petit peu, qu'on lui offre une bière, à sa tête on savait qu'il était sans attaches, seul, depuis tout petit, et qu'il n'y avait pas que ça.

Parce que Meert avait beau paraître triste et pataud, on ne pouvait pas penser que seul l'orphelinat l'avait façonné de la sorte. Ses rondeurs, elles étaient venues plus tard, ça se voyait. Il avait le visage et le cou larges, une carrure de fort des Halles, la cuisse puissante et le pas lourd, de grosses mains et des bras de boxeur, toutefois quelque chose de l'ourson, de l'animal inoffensif. Le gras dans son cas était là pour tenter de palier un passé compliqué, arrondir les angles d'un corps qui s'en était sorti à force de bagarres dans les cours d'instituts pour gamins difficiles, bagarres qu'il perdait régulièrement d'ailleurs, ça aussi on s'en serait douté. Meert traînait comme un poids sous sa peau une enfance qu'on pourrait qualifier de merdique. Si merdique que les juges avaient retenu « les circonstances » quand il avait préféré sauter la petite Laetitia derrière la préfecture plutôt que s'adonner une fois de plus à la masturbation aux chiottes du quincaillier où il vendait des clous. C'était il y a longtemps. Avec sa gueule de chien battu, son allure de bonne pâte, tout massif qu'il était il n'eut donc pas besoin d'en dire beaucoup pour attendrir. À propos de la fillette, il avait invoqué au procès « son odeur de brioche » qui l'enivrait chaque fois qu'il la croisait en sortant du boulot. Après, il leur a raconté ce 14 juillet où il l'avait emmenée voir le feu d'artifice en la tenant par la main. C'est tout. Résultat : trois ans ferme seulement. Trois petites années qui avaient fait scandale à la sortie du tribunal, tollé dans les gazettes locales, éditoriaux comme on en lit dans ces cas de violences sur mineurs, et commentaires trempés bien comme il faut pour vendre du papier. Ne parlons pas des magazines repus de crimes sordides illustrés de dessins noir et blanc « sur le vif », Meert n'y eut pas la meilleure de ses mines. S'y ajoutèrent aussi des manifs çà et là, et même quelques chouettes émissions (audimat au zénith, s'entend). Autant de vilains coups qui glissèrent en douceur sur la peau de Meert qui en avait vu d'autres, mais surtout n'avait pas pu s'offrir toutes ces publications. Et puis de toute façon il ne savait pas lire. Quant à la télé, il n'aperçut qu'une fois à travers une vitrine son portrait face-profil en violeur dangereux, c'était bien suffisant. Lui, ça l'avait rendu triste, parce qu'au fond cette gamine il l'aimait et qu'à force il s'était persuadé qu'elle aussi en pinçait un petit peu pour sa pomme. D'ailleurs quand elle dut témoigner, et qu'elle le regarda, il vit bien dans ses yeux quelque chose qu'il n'avait jamais vu chez personne, comment vous expliquer. Les gens, eux, s'émurent pour la victime – si jeune, si c'est pas monstrueux – avant que le tout ne s'éteigne sous les feux du lancement d'une Coupe d'Europe de foot.

De cette histoire, Meert était sorti encore plus dépité par le monde, les juges qui vous feraient rougir à force d'évoquer vos premiers orgasmes avec des photos de cul, les gens qui n'y comprennent rien, les hommes en général, les salauds qui vous taxent vos clopes dans la cour, vous privent de promenade, ceux qui vous donnent des torgnoles au réfectoire quand ils ne vous tringlent pas comme un porc dans une cellule pour deux qui en compte cinq ou six. Les détenus, c'est un fait, détestent les violeurs de gamins – les pointeurs comme ils disent – mais quand même, de là à se faire enculer.

Mais la vraie punition avait attendu Meert à sa sortie du trou. Malgré un apprentissage assidu de la reliure à la prison de Grasse (couronné de surcroît par un certificat à l'en-tête de la maison d'arrêt), la sincère volonté de reprendre les choses en main, une lumière plutôt belle ce dimanche de septembre (c'est une chose qui compte la lumière les jours d'enterrement, de mariage ou de sortie de prison), d'un coup, sur le parking dominant la campagne, une sale impression de néant, une houle sans vent, aspira ses espoirs. Retour de Grasse en train avec pour tous effets une vieille brosse à dents, un paquet de Pall Mall, une montre-bracelet dans une petite boîte (celle que son papa lui avait envoyée un beau jour, sans un mot, d'un pays étranger, de très loin vu le nombre de timbres, le gardien n'avait pas voulu lire ce qui y était écrit), deux ou trois pantalons, cent francs et des centimes qui ne valaient plus rien : faudrait vous renseigner, avait dit la guichetière, l'euro ça vous dit rien ? Bon, voyageons sans billet on n'est plus à ça près.

Souvent le désespoir s'installe moins sournoisement qu'on croit, il prévient au contraire, il est là bien avant le malheur, il prépare à la chute. Pour Meert ce fut cette guichetière – pas baisante, ça non, la guichetière, pas du tout – et ce fut ses trois mots d'apparence innocente,

« faudrait vous renseigner » : ça n'a l'air de rien mais ça met tout de suite hors du monde.

Sitôt pénétré dans ses Vosges, pas très loin de Colmar, tout le noir des forêts envahit l'horizon, avança sur le train, l'enveloppa comme un drap. Et lui qui autrefois, adolescent, voyait dans ces bois sombres les promesses d'une vie à l'abri, près des bêtes, à humer les odeurs de l'automne, des feuilles mortes, des vieilles souches, des écorces humides, s'imaginait y construire une cabane, y chasser le gibier, lui qui toutes les nuits dans sa taule rêvait à ces forêts sans pouvoir en dire mot, soudain il n'y vit plus de charme, seulement des malheurs. Les Vosges quand même, s'était-il dit le visage appuyé au carreau du wagon, finalement quelle tristesse ce pays, ces forêts quelle tristesse. Et Moussey, quelle idée.

Moussey.

Du temps où Moussey comptait plus de mille habitants, du temps où la filature Bazin nourrissait la moitié du village, du temps où Georges Laederich en était le patron bienfaiteur veillant sur les familles, où les femmes bavardaient au lavoir, la crise de l'industrie textile on verrait ça plus tard. Ne reste de cette époque qu'un château attenant aux ateliers, propriété privée des premiers filateurs, où Meert, encore enfant, échappé quelquefois de son orphelinat, allait jouer ou se cacher, non pas dans le château mais tout près, sous un arbre du parc, si grand et aux branches si tombantes – ce devait être un chêne – qu'en plein jour on pouvait somnoler à son pied sans se voir inquiété. Sinon, rien. Rien ne reste de ces années glorieuses où trois familles d'industriels (les Charlot, les Lung, puis les Laederich donc) en nourrirent trois cents autres, c'était avant que n'advienne la chimie. Car le coton laissa place au nylon, forcément, au viscose – on gagne en élasticité ce qu'on perd en texture mais ça prend. Alors les filatures, plus que des hangars vides.

Et bientôt de mille âmes au village nous voilà à huit cents. On les compte un à un ceux qui partent pour la ville, à Mulhouse, à Strasbourg, faire coiffeur ou taxi. Il y a bien la scierie, mais bon, c'est aussi sans avenir. On en est à six cent quarante-deux quand Meert revient étoffer la contrée par le train de vingt heures onze, mais ça n'émeut personne : au diable la démographie qui fout le camp en quenouille, le village s'en balance. Tout de suite Meert a su à quoi s'en tenir, pour de bon. Disons que le chômage dans de telles circonstances, les portes qu'on vous prie sèchement de fermer derrière vous en sortant, les autres qui ne s'ouvrent même pas, les bruits qui s'interrompent quand on entre au café, la gueule que vous font les petits commerçants rien qu'à voir votre tête, le conducteur du bus qui ne dit plus bonjour, comme si le mot « violeur » ou « Laetitia » tatouait votre front, cette odeur de prison qui vous colle à la peau, tout ça vous maintient gentiment la tête au fond du puits. Meert est prêt à faire des heures gratis à la scierie, le dimanche s'il faut pourvu qu'on lui donne à bouffer, mais non, on n'a pas besoin de lui. Meert n'est bon qu'à baiser les gamines. Alors autant finir.

De désespoir, après trois jours passés à Moussey d'un banc public à l'autre, retour dans le sud de la France. Il s'est dit qu'au soleil ça irait déjà mieux. En automne, en hiver, pas besoin de mendier la chaleur, on peut dormir dehors sans trop de complications. Même que parfois les figuiers donnent encore en janvier, à ce qu'on dit. Retour donc en train de nuit debout dans les couloirs pour le cas où le type qui contrôle soit sensible à un autre qui comme lui ne voyage pas assis et n'a pas de billet. Pas de contrôle finalement : c'est bon signe, le reste devrait suivre. En effet, à première vue, le sud, la tiédeur de l'hiver sur les plages, les riches en grosse voiture, les poubelles qui regorgent de choses qu'à Moussey on conserve, ça sent bon l'opulence. Mais sur la côte, dépourvu de manières, on est vite un miteux. Sans fric, pas même un sou pour s'offrir un café, tout de suite c'est une vraie solitude, quelque chose de bien triste qui s'abat, vous balance sur la route, vous retient loin des hommes, finit par vous convaincre que la vie, après tout.

On a repêché Meert d'une mer glacée un soir d'hiver. Un jardinier qui passait sur la plage (où il promenait comme chaque jour le chien de sa patronne) l'avait tiré d'affaire, l'emmena au chevet d'une grand-mère qui mourait à petit feu d'un cancer utérin dans une villa de Nice et cherchait un gars costaud qui pourrait la soulever pour faire ailleurs qu'au lit.

Au point qu'elle en était la vieille, maigre, la peau fine et jaunâtre, toujours souillée sous elle, un type sorti de taule, et alors, qu'importait. Elle s'en foutait pas mal d'être violée, pillée ou brûlée vive – pourquoi pas. Elle s'en foutait pas mal de crever brutalement, pourvu que ce fût avec vue sur la mer. Bien au contraire. Ne rien laisser à ma salope de fille, juste une maison en flammes et une vieille peau en cendre, parfait ! C'est ça qu'elle s'était dit en voyant Meert, dépenaillé, trempé et grelottant. Avec ce type, ça finira plus vite.

Sa tête elle l'avait vue partout dans les journaux, mais elle lui avait simplement demandé tenez, jeune homme, comme vous êtes là donnez-moi mes lunettes, vous vous appelez ? Il lui avait dit mon nom c'est Meert. C'est flamand vous voyez, ça ne veut pas dire grand-chose, mais Johann c'est trop long, alors Meert. Après un bain très chaud elle lui avait offert des vêtements un peu courts mais bien secs, un plat de nouilles aux tomates, du vin rouge et des fruits. De l'autre bout de la table elle l'avait regardé se gaver sans rien dire. Et lui, voyant que la vieille le choyait comme une mère, il était resté là.

Le temps fit le reste : d'incendie aucun, de vol et de violence non plus. La vieille mit deux années à rejoindre les anges. Un matin de décembre, le légiste la trouva dans son lit, elle avait les fesses propres et le nez dans un bol de café entouré de tartines – alors on mit dans le rapport que Meert en prenait soin.

Mais lui, de la retrouver morte alors qu'il s'apprêtait à lui faire sa toilette, il avait paniqué, il avait foutu le camp. La trouille qu'on lui remette sur le dos un truc qui n'allait pas. Pas de nouveau la taule.

Foutu couillon, ce Meert.

On l'avait bien cherché. La procédure avait suivi son cours, elle ne s'arrête jamais, partout elle est la même. Il y a toujours un type, un petit inspecteur, un rond-de-cuir tatillon qui fouille dans les moindres recoins, ne fait pas que gratter du papier. On trouve toujours un homme à chapeau mou qui aime prendre le train, chercher, remonter le cours des choses. Un type qui ne saurait conclure à la légère, l'esprit taillé pour ça. Le genre d'homme à classer son dossier proprement, et ce jusqu'au suivant. Le fisc est repu de spécimens du genre, à l'Intérieur on en trouve au moins un par brigade (finances, stupéfiants, mondaine, etc.), c'est une espèce à part. Souvent il leur manque des cheveux sur le sommet du crâne et ils sont grassouillets, pas sexy pour un sou, la plupart vieux garçons, c'est comme ça. Lui, c'était un clerc, le clerc d'un notaire de Valence qui répondait au nom improbable de « Trip ». Trip était un spécialiste, un teigneux, un de ces enquêteurs qui trouverait pour unique héritière d'un pêcheur de Cancale tout juste décédé une cousine au troisième degré vivant en banlieue de Melbourne. Trip chercha Meert plus d'un an, mais non pour l'inquiéter. La vieille avait écrit quelque chose dans les règles. À Meert qui lui faisait sa tisane tous les soirs, les courses le samedi, la lessive le dimanche, le ménage, le manger (expression que la vieille détestait), qui lui avait donné un bain chaud chaque matin jusqu'à l'avant-dernier, elle avait tout cédé. Maison, meubles, plage privée, bastide dans des champs de lavande, vignes dans le bordelais, tableaux et compte en banque. Une fortune. Et rien laissé à la fille, enfin le minimum légal. Alphonse Trip fouilla jusqu'au fin fond des Vosges, en vain. Échec sur toute la ligne. À Moussey, on avait dit à Trip : Johann Meert ? on connaît point. Alors le tout avait été vendu et l'argent de la vieille placé à la Caisse des Dépôts, histoire de fructifier. C'est ce qui se fait dans ces cas.

# 8

Dix heures cinq. Pleine vitesse en scooter dans les rues de la ville, Hélène était derrière, les cheveux malmenés par le vent de la côte, un temps splendide en mai, pas le temps de flâner, le train de Meert arrivait à dix heures. Le chauffeur de Clooney pouvait bien injurier en anglais le type qui zigzaguait au guidon d'un deux-roues avec une fille derrière, Hélène était ravie d'avoir vu un acteur de vrai film dans une grosse limousine, la journée s'annonçait excitante (et l'anglais, toute façon, comprends pas).

Foster qui paressait au balcon de sa chambre vit d'en haut deux cinglés en scooter qui tiraient une remorque (parce qu'il y a la remorque). Une hôtesse secouait Tarantino ; réveillé en sursaut – votre ceinture, monsieur, on atterrit bientôt. Kidman prenait sa douche à moitié endormie.

Flink chargea Hélène de veiller au scooter sur le parking en face, pas question d'en profiter pour se faire une glace ou quelque chose comme ça qu'elle aurait de toute façon beaucoup de mal à manger sans en foutre plein sa jupe.

Gare bondée. Sur le quai une star invisible, des gros balèzes autour, costard gris Armani et l'oreillette à droite, tout le temps à causer discrètement, c'est assez ridicule mais ça fait important. On se bouscule, Flink bataille, cherche Meert, tend le cou, ne voit rien, que la foule qui s'agite, caméras qui surnagent, n'entend rien, assourdi, des haut-parleurs qui gueulent, le train en provenance de Paris, voie quatre, merci de vous éloigner de la bordure du quai, ou plutôt vous éloigner tout court d'ailleurs, on s'approche pas comme ça de l'Amérique, et il y en a qui hurlent, des gamines en jupettes qui sautillent en couinant dans le registre aigu, ce doit être un acteur au centre de la foule qui arrive comme une vague et c'est au tour des gars avec des appareils de gueuler Clint Clint. Un moment Flink croit que c'est pour lui que ça gueule, mais non, Meert n'a pas une voix comme ça et puis ils sont des dizaines à crier en flashant sur la cible : un grand, la soixantaine, lunettes noires, alors que Flink, lui, ballotté par la foule, cherche la tête de Meert qui devrait se détacher du reste vu sa taille mais personne, il y a un tel chahut faut dire, la meute agglutinée autour de la star invisible quitte la gare, plein soleil, le bitume du parking est bouillant. Juchée sur la remorque, une main en visière sur son front, rien à faire, Hélène est éblouie ; une conduite intérieure noire déboule en trombe, vitres teintées comme au ciné, la star est protégée par les types en costume. On y voit vraiment rien de qui ça pourrait être. Allez tant pis, Hélène, un petit tour en scooter pour une fois sans la mère, le temps que Meert arrive, juste pour voir qui c'est l'Américain, à en croire ce qu'on lui gueule ça doit être une vedette, encore un qui joue à Hollywood, deux dans la même journée, quelle chance, émoustillée Hélène, pas possible de laisser passer ça, quitte à prendre un peu l'air autant détacher la remorque ça ira plus rapide et hop en route, c'est l'affaire d'une minute. Et la voilà partie, sillonner la ville en suivant la voiture.

Kidman est en peignoir à la fenêtre de sa suite avec vue sur la mer, elle aperçoit une fille qui fonce sur un scooter derrière une voiture noire on ne sait pas ce qui lui prend elle se met à doubler la voiture en faisant un coucou au type assis derrière. Kidman voit la voiture faire une grande embardée, heurter le côté du scooter et la fille tenter de rétablir tant bien que mal l'équilibre. Plutôt mal.

De toute façon elle n'a pas dû y voir grand-chose à travers les vitres teintées, alors la faire valser pour ça, vraiment. On voit le bras du chauffeur dépasser de la portière, faire un geste provocant et la voiture filer.

Il a fallu ensuite qu'Hélène, couchée sur le bitume, explique aux deux motards pourquoi le casque elle n'en avait jamais… enfin avec la chose qu'elle avait tout autour de la tête – vous voyez bien quand même – ça n'était pas possible, voilà, monsieur l'agent, c'est vraiment pas mon jour, et puis c'est quoi ce que j'ai à la jambe, je dois aller chercher quelqu'un au train qui s'appelle Meert, moi c'est Hélène, nom, adresse (enfin celle de mon père parce que sinon une caravane au Camping de la Mouette), profession sans, date de naissance, voilà, vous seriez trop gentils de me laisser y aller parce que Flink, sinon, c'est le nom de mon copain, il va encore râler et ça, vraiment ça me chagrine, on a des trucs à faire, une main sur sa poitrine, papillonnant des yeux, un doigt entre ses seins, s'il vous plaît aidez-moi. Allez on essaye de se lever, un peu de tenue quand même, mais non, ça ne va pas être possible, voyez bien, mademoiselle. Tandis qu'un attroupement encercle les gendarmes, la jambe de la demoiselle maintenant rouge de sang, son scooter, son essence et son sac, Kidman réintègre sa chambre et commande un thé de Chine.

## 9

Y en a pas qu'à Moussey de ces gens-là.
Mais à Moussey, y en a.

Johann Meert, on connaît point, avaient-ils dit à Trip – les commerçants, le maire, et même la directrice de l'orphelinat, quand ils apprirent qu'il était riche –, non, on connaît point.

Sans quoi il n'en serait pas là, Meert, sur le quai d'une gare, un mauvais coup en vue avec ce foutu Flink un jour de festival.

Reconnaissons tout de même que Flink avait été pour Meert ce qu'on pourrait nommer une bouée de sauvetage. Si tant est qu'on puisse voir en lui un moyen de sortir du naufrage. À peine sorti de taule, Flink avait semblé tout faire pour y retourner et si possible emmener avec lui un ami dans le besoin. Une bouée transitoire disons donc, juste de quoi atteindre la rive. Mais c'eût été trop demander à Meert, une fois au sec, de laisser tomber le type qui l'avait tiré de là. Meert était un fidèle, un vrai malade de la reconnaissance.

Meert avait fui la côte niçoise un gros chagrin au fond de lui d'avoir laissé la vieille – « Mamy » comme il l'appelait – morte pour de bon. Ce matin-là il avait rassemblé à la hâte ce qu'il comptait de fortune dans un gros et piteux sac de toile et s'était tiré en train. Mamy lui avait tant vanté les charmes de Vevey, les odeurs matinales du Léman, qu'il rejoignit Évian au soir d'un dimanche de décembre. Évian, pas loin de la rive suisse, lui avait dit Mamy, juste une heure de bateau, un bateau, tu verras, qui corne à l'abord du rivage, des petits bancs de bois sur la passerelle – deux francs la traversée, enfin quand j'étais jeune, petite, c'était deux francs.

Train miteux depuis Nice, un Corail seconde classe. Aussi à cause de l'horrible couleur des sièges en simili, le voyage le plus triste de sa vie. Le corps ballotté par la rame, le front contre la vitre, sous ses yeux défilait la déprime, une succession de gris à travers la fenêtre, grands arbres dénudés, bicoques, taudis, jardinets pitoyables en bordure de la voie, usines, centrales électriques encaissées, casses et dépôts de ferrailles, pas un brin de soleil, de la fumée épaisse et grasse en guise de ciel, partout des nuages de poussière, rien d'autre que du sale pour paysage, du terne, du pauvre comme le gamin qui était face à lui, s'empiffrait de sucres d'orge, et la mère, triste aussi, fanée, du tragique imprimé sur sa peau, rêche, lasse et fatiguée de s'occuper toute seule d'un gosse obèse qui finira vigile dans un supermarché, c'est sûr, pas mieux. Décidément, s'était dit Meert, la pauvreté ce serait comme un truc héréditaire. Ça et la mocheté ça vous colle à la peau. Ça s'agrippe. Ça fait comme le cafard, on s'en éloigne une heure, un jour, et puis ça vous rattrape.

Tu vois, gamin, aujourd'hui t'es obèse, eh bien, plus tard, tu seras un pauvre type, un rondouillard comme moi, à regarder dehors que le brouillard se lève, mais rien, c'est bouché de partout. Nulle part un horizon, que des voies sans issue. Alors profite bien des bonbons, ça dure jamais longtemps les douceurs de l'enfance, y a rien à espérer. Mamy le disait bien : qu'on finisse dans le luxe et c'est un bon cancer qui va venir vous prendre, histoire de vous rappeler la facture à payer. Rien de gratuit, pas de plaisir qui n'ait son prix, disait la vieille (elle parlait bien Mamy). C'est d'un banal tout ça je sais, mais c'est inéluctable, encore un mot, tiens, que Mamy m'a appris, cancer, inéluctable. Tu vois, moi, j'ai fait trois ans pour une gamine qui sentait la brioche. Toi, à peine tu as les doigts qui collent, ta mère te fout une claque. Eh bien c'est ça la vie : un bonbon une torgnole; deux bonbons et paf trois gifles en prime. À moins d'être une ordure, tu payes. Moi je suis né dans le rang des couillons. Comme toi, gamin : ça se voit tout de suite que tu finiras mal. Sinon tu serais pas là à bouffer tes vilaines sucreries devant ta mère qui pourra pas t'en payer d'autres avant un bail. Si t'étais une ordure, tu m'aurais piqué les miennes pour les sucer aux chiottes, et là tu t'en sortais, c'est sûr : arrivé à trente ans, le supermarché tu le faisais tourner à grands coups de promotions pour plus couillons que toi. Non, là tu chiales et donc tu t'en sortiras pas.

T'as dit quoi, monsieur? dit le petit, les yeux rougis.

Rien, bonhomme, rien… mais tu vas où comme ça, c'est les vacances?

Et ce fut au tour de la mère de pleurer à moitié en ânonnant on monte au nord, monsieur, y a jamais rien pour nous là où y a du soleil. Les places sont déjà prises, même à faire des ménages, alors on monte, et vous?

Meert avait dit un lac, et puis il avait ajouté je sais, ça peut paraître idiot, mais moi je veux un lac et des montagnes, c'est tout ce qu'il me faut un lac, un petit coin d'eau tranquille, des poissons à pêcher et des forêts de sapins. Pour quoi faire j'en sais rien, mais enfin le Sud je n'en peux plus.

Alors Meert a vu le gamin se raidir, écarquiller les yeux et lancer brutalement tu devrais pas y aller, monsieur, parce que dans les montagnes, enfin dans les montagnes il pleut souvent des gens, il pleut vraiment des gens et c'est pas pour de faux, il en pleut des petits et des grands, avait répété le gamin. La maman avait dit embête pas le monsieur avec ça, avant de sangloter.

Meert, qui ne savait jamais comment s'y prendre avec une femme qui pleure, d'ailleurs ne s'y prenait jamais très bien avec les gens tout court, pour une fois avait dit ce qu'il fallait : tiens, bonhomme, va donc au wagon-bar voir si y a pas des Chupa, prends-en une au Coca, allez va on t'attend, et lui tendit une pièce.

La mère, elle, le nez dans un mouchoir, voyant bien que ce type avait quelque chose de l'éponge, cette faculté qu'ont certains d'absorber sans rien dire, la mère se mit à raconter, des larmes entre ses phrases, le tout dans le désordre.

Qu'importait d'ailleurs le fatras de ses mots, des images surgissaient à mesure que la mère lui parlait d'un viaduc, d'une petite maison située cent vingt mètres dessous, tout juste sous l'ouvrage, au fond de la vallée, une vallée encaissée. Une petite maison qu'ils avaient achetée parce que le jardin, minuscule mais joli, était couvert de fleurs et qui, étant souvent à l'ombre dans le fond de ce creux caillouteux, de cette gorge à peine teintée de quelques touches de vert que faisaient quelques buissons épars, n'avait pas coûté cher. Et pour cause, avait ajouté la maman du gamin, le jardin ça n'était que les fleurs que venaient arroser les familles, mais ça on l'a compris qu'après. On aurait pu se douter… parfois on revenait des courses et c'était un grand champ de chrysanthèmes qui venaient d'on ne sait où. Enfin ! quand on veut pas savoir… Ah ça ! on peut dire qu'on avait de la visite mais bon, on a compris qu'après.

Et puis elle s'est penchée sur l'épaule de Meert, a retenu son souffle comme on fait juste avant le plongeon et elle a continué.

Lui, regardant défiler la campagne, serra de sa grosse main la tête de la jeune femme et bien vite les traînées de verdure – que ses yeux n'avaient pas détaillées que déjà un silo, une usine ou un bourg surgissaient – laissèrent place au cadavre d'un homme allongé dans les roses, le ventre tout ouvert. Un jeune type qui s'était balancé du viaduc, là, sous les yeux du gamin qui goûtait d'une tartine à la mûre. Un corps nu pratiquement, à moitié enfoncé dans la terre, du sang un peu partout. Des gouttelettes vermillon plein les yeux de l'enfant. Et puis des policiers qui vinrent prendre les photos. Ensuite une ambulance avec deux types en blanc qui traînèrent le cadavre, l'emballèrent dans un drap avant de s'excuser et repartir en trombe. Les sirènes qui se mirent à hurler et donnaient la réplique au gamin, braillant, figé, sa tartine dans les fleurs et la terre.

Alors nous forcément, dit la mère, on a voulu savoir, à la mairie du bourg… c'est l'adjoint qu'on a vu. Paraît qu'une très grosse déprime ça peut mener à ça, se jeter de n'importe où.

Justement, s'est tu Meert, je vous crois, mais enfin.

Mais enfin vous voyez, a repris la maman, le petit il s'est mis à hurler toutes les nuits et on n'a plus dormi. Un temps on y a cru que ça finirait bien, on nous avait promis un filet tout le long du viaduc, mais non, à la mauvaise saison les choses ont repris de plus belle. Neuf corps l'hiver dernier. On passait nos journées à surveiller le ciel. Le matin on allait vérifier le potager, le café à la main. Un jour, Georges – mon mari c'était Georges –, c'est lui que j'ai trouvé mourant dans les tomates, le petit était encore au lit. Une chute de cent vingt mètres. D'abord, je l'ai pas reconnu… les pompiers l'ont emmené. Et depuis on est deux.

À présent que la mère sanglotait sans retenue, Meert l'écarta de son épaule quand il vit le gamin une sucette dans le bec. Elle prit la tête du fils, le blottit dans ses bras et s'endormit contre lui.

Meert avait dû s'assoupir car arrivé en gare de Thonon-les-Bains par le train de vingt heures trente, ses compagnons de voyage avaient disparu.

En bus jusqu'à Évian.

Là, pour toute quiétude (de celle que les villes d'eaux promettent au fil des dépliants aux couleurs saturées), c'est un jeune type sorti du casino – jubilant, tordu de rire – qui le cueillit, va-t-on savoir pourquoi, sans doute un besoin de compagnie. Je m'appelle Flink, dit-il l'air hilare en voyant Meert trimbalant son gros sac, et toi ? Moi, avait-il dit, on m'appelle Meert, mon vrai nom c'est Johann Van der Meert mais on dit Meert, ça fait plus court, le reste c'est quand on m'interroge ou qu'il y a des papiers à remplir, enfin qu'on remplit à ma place ; donc Meert. Et Flink c'est un ensemble ? enfin je veux dire, y a pas un nom derrière ? T'occupe, dit Flink encore à bout de souffle, reste sur Flink, c'est plus pratique. Tu fous quoi à Évian, moi, c'est pour le casino, la pêche et le casino, j'ai touché le jackpot, putain je les ai bien baisés, ces enculés. Comme Meert, pour toute réponse, avait marmonné quelques mots inaudibles (c'est pour tuer le cafard et retrouver Mamy), Flink continua sans relever, en se marrant. Ça te dirait un hôtel avec vue sur le lac ?

Un hôtel pourquoi pas.

Quand on ne sait pas lire il n'y a que des images sur les murs. C'est le seul bon côté des choses. Pancartes, panneaux indicateurs, noms de rue sont autant de cauchemars au regard de celui qui, par égard envers les passants, préfère se perdre en route que demander son chemin. Pour le reste (monter dans le bon train, remplir un formulaire…), toute une gamme d'artifices s'offre à l'illettré, mais dans l'ensemble, mine de rien il s'épuise assez vite. Feindre la cécité est un moyen qui aura fait ses preuves mais demande une constance assez incompatible avec une vie normale. On peut toujours y aller au culot, avouer carrément je sais pas lire, mais souvent on ne vous croit qu'à moitié. Reste la solution de donner le change mais c'est alors une grande part du monde à laquelle il faudra renoncer. Et puis très vite les contraintes s'accumulent. De toute façon, faire semblant ne tient jamais longtemps. Dans certaines circonstances autant annoncer sincèrement la couleur et avouer d'entrée de jeu écoute je sais pas lire donc là le nom de l'hôtel non vraiment je vois pas, je vois que des étoiles, une ribambelle d'étoiles, à vue de nez je dirais cinq, comme le nombre de doigts, sinon je vois un R comme à la fin de Meert, oui c'est ça, cinq lettres et cinq étoiles.

Du luxe, Meert n'en avait jamais vu. Flink, on ne sait pas. Quoi qu'il en soit Le Royal affiche une enseigne vert et or visible du Léman. On prend le funiculaire, on monte dans les hauteurs, d'un coup on voit le lac, ça sent bon les mélèzes, on emprunte une allée longée de diverses essences, on débarque dans le hall, sac à dos, la casquette et le jean avachis, un type bien habillé les prend pour des chômeurs qui cherchent un boulot saisonnier. Au chapitre des petites humiliations il y a toujours un type habillé impeccable qui gagne pas un kopeck mais fait le fier, joue au monsieur important, simule l'aristocrate. Ce type, toujours le même, se tient droit au comptoir des palaces et il vous dévisage pour peu que vous soyez pas sapé Saint Laurent ou Rykiel. Flink, afin que le type en question s'adoucisse, s'en tienne aux renseignements de rigueur quand vous cherchez une chambre – et surtout se dispense de papiers s'il vous plaît –, dut aligner des billets en avance. La semaine, pas donnée. Total : six coupures de cinq cents pour un sourire pincé accompagnant un ordre donné à contrecœur au groom qui était planté là : Édouard, ces messieurs, la 111. Trois mille balles pour que le bagagiste daigne prendre d'un air écœuré vos bagages, c'est assez contrariant. En plus on monte à pied, c'est au premier, mais bon. On le suit dans un long couloir rouge faiblement éclairé jusqu'à la dernière porte. Ça n'est sans doute pas la meilleure chambre dans la mesure où les arbres masquent à moitié le lac mais finalement on ne va pas faire la fine bouche. Tout ce silence, cette mousse onctueuse à l'odeur de figuier qu'on fait voler en soufflant dans sa main, le corps brûlant dans l'eau, le marbre tout autour, le moelleux du peignoir, les deux lits gigantesques et le reste, ça vaut bien le détour. Certes le groom en rouge ne vous aurait pas ciré des pompes si fatiguées, mais on ne va pas se plaindre, l'ensemble est recevable. Finalement on consume les billets à l'aveugle. Le confort ce n'est pas qu'on s'y habitue vraiment, simplement on profite.

Avec le prix de la chambre, le gain du casino fondit entre autres choses en petits déjeuners à l'anglaise qu'ils prenaient en terrasse, en cognacs, en whiskies et en gins. Seuls – forcément seuls vu la température, la bruine, le brouillard et les feuilles qui jonchaient le parc de l'hôtel, quelques hectares quand même, avec des résineux de la taille de gratte-ciel, juste de quoi faire le cadre d'une vue sur le lac, le lac en contrebas, d'un gris perdu dans la pâleur d'un ciel brumeux et sans soleil mais lumineux dès le petit matin. Les tables d'extérieur (leur avait dit Astrid, adorable serveuse aux cheveux blonds bouclés) sont remisées l'hiver, mais tu vois, Meert, quand on laisse tout en grosses coupures le maître d'hôtel est très vite tolérant. Meert n'avait rien répondu, il regardait son thé qui faisait comme un cercle doré dans la tristesse du parc ; et le sourire de Flink (qui s'empiffrait d'œufs frits) atténua un instant sa mélancolie. Tandis qu'il l'observait tamponner sa mie de pain dans le jaune qui venait d'éclater, mâchouiller de bon cœur puis sucer un à un les doigts de sa main droite – l'autre occupée à tracer de grands gestes illustrant des propos qu'il écoutait à peine –, Meert éprouva pour une fois dans sa vie un bonheur. L'amitié ne se noue pas d'emblée mais la complicité, ça peut. Inutile de comprendre, c'est donc venu comme ça, sur cette terrasse déserte, et ça a plu à Meert. On s'en fout où ça mène. Ce fut là, face aux cèdres, qu'à deux ils concoctèrent leur tout premier méfait, quelque chose de simple, d'apparence assez sûre dans l'échelle du risque des méfaits en général, de simple et d'immédiat, disons de spontané. Guère de plan pour tout dire, on irait au jugé. Le coin est isolé, on est dans les hauteurs d'une ville où les flics ne se montrent qu'en été, et encore. La preuve, depuis que je suis là, fit Flink – ça fait quand même dix jours –, j'en ai pas vu un seul. Simplement si ça merde on se retrouve plus tard sur les quais de Lausanne, là où partent les bateaux. Ils se frappèrent la main et comme il sentit naître entre eux une sorte d'amitié, Meert remonta dans la chambre, fouilla au fond de son sac, revint avec la boîte qui contenait sa montre et la tendit à Flink. Flink poussa un long sifflet avant de dire la vache on ne s'emmerde pas. Puis Meert lui indiqua le petit bout de papier, douze centimètres sur huit, qui restait d'une enveloppe. Ton père est au Venezuela ? dit Flink. Vu le nom de la région, pensa Meert, ça devait pas être tout près.

Maintenant détaillons un petit peu. La femme de chambre, appelons-la Berthe, était comme la plupart de nature effacée, assez volumineuse, une forte poitrine, la blouse en coton blanc, chaussée de sandales pieds sensibles, cuir souple et cousu main, garantes d'un silence impeccable en toutes circonstances, qui ne dérange jamais, l'air de ne rien avoir vu des mœurs de la clientèle, alors qu'en vingt-trois ans tout de même il y en aurait des choses à dire, mais voilà : Berthe ne faisait jamais aucun bruit plus haut que l'autre. Pas très sorcier de lui tirer son passe – remarquez comme la timidité s'est toujours accordée avec la soumission. Cela s'est déroulé en quelques secondes : tandis que Meert faisait le guet dans le couloir, Flink pénétra dans la chambre dont Berthe nettoyait la salle d'eau, il plaqua son visage contre le lavabo, lui pressura le nez jusqu'à le faire saigner. Quelques gouttes vermillon sur le blanc de l'émail et l'affaire était jouée en silence, comme toujours avec Berthe. Quoi de plus facile ensuite que d'enfermer la bonne dans la chambre 113, d'arracher le téléphone et de piller, tranquille, les autres une à une : de la 101 à la 529. Presque toutes si l'on exclut les chambres où, le passe tourné lentement dans la serrure, un bruit de douche, de jeu télévisé ou une conversation indiquaient qu'il était préférable d'éviter de rentrer, vingt-sept en tout. Si l'on compte bien : cent cinquante chambres en gros, vingt-sept impraticables, trente-deux inoccupées, total quatre-vingt-onze foyers, la plupart habités par des couples à la retraite, plutôt riches pour les uns (dont certains pleins aux as), pour les autres modestes, dirons-nous, classes moyennes supérieures saignées aux quatre veines par un séjour finalement ennuyeux. Mais qu'importe, on ne va quand même pas regarder à la valeur des montres, des bagues, des colliers de fausses perles, caméras vidéo et autres petits matériels entièrement dévolus aux souvenirs, on prend l'ensemble, on bourre les sacs à linge, on ferait le tri plus tard. Flink s'offrit même la plus belle collection de brosses à dents d'Europe, toutes électriques s'entend, vibrantes ou rotatives, au marché des occases ça peut plaire – si, Meert, juré ! c'est revendable ! et puis Mam' elle aimera de toute façon.

Passons plus vite sur l'incident de la 217 : une femme, la soixantaine sèche, lisait (a-t-on idée par une humidité pareille) sur le balcon d'une suite prometteuse – trois pièces, malles Vuitton cuir marron –, seulement voilà, Flink l'aperçut un peu tard. Adossée à la vitre, vêtue d'une robe de chambre en soie aux motifs japonais, elle tenait un petit pistolet en argent et l'observait, sereine, fouiller sacs et valises, mettre tout sens dessus dessous. Tandis que Meert, lui, vidait la salle de bains en sifflotant une chanson d'Édith Piaf et fourrait dans son sac les flacons de parfum qu'il trouvait magnifiques, Flink, à la vue du canon, était passé à l'acte en une fraction de seconde. Une tête ahurie, un arrêt sur image les yeux braqués sur l'arme, Flink bondit sur la vieille dame avant qu'elle ne puisse pousser un petit cri feutré sous l'oreiller. Étouffée, rose, violette, ensuite bleue, par endroits presque noire, toute une gamme de couleurs au visage, le cou mou comme celui d'une poupée clouée sur le parquet, les jambes à peine secouées de quelques soubresauts, la main gauche agrippée au rideau, puis plus rien. Une vie et une arme étendues sur le sol et réduites au silence. Flink venait de pousser la poupée sous le lit quand Meert triomphant lui tapa dans le dos, t'as vu ça, Flink, un flacon de Guerlain, comme Mamy, un flacon rouge et or, c'est sûr c'est la chambre d'une vieille dame.

Ne nous attardons pas sur le bilan du vol, le petit salut au concierge qui ne fut pas étonné de voir deux types quitter l'hôtel avec des sacs à linge, salut les gars dit-il (on est entre employés n'est-ce pas ?), résumons simplement : Flink, plus disposé aux bonnes blagues qu'aux remords, rendit hommage aux veuves qui claquaient la fortune de leur mari défunt, et Meert considéra la recette confortable. Lui qui depuis qu'il avait quitté Nice avait envisagé de vivre de rapines, de casse-croûte chapardés dans les grands magasins, jugea le savoir-faire de Flink beaucoup plus efficace. Bref, on admettra que les hôtels de luxe recèlent plus de richesses à emporter que les supermarchés n'en offrent à consommer sur place.

La Verniaz, par exemple, petit refuge pour les couples adultères : étoilé au Michelin, plus bas que Le Royal dans les hauteurs d'Évian, il suffit de courir, même avec deux sacs à linge bourrés, un chacun sur l'épaule, du Royal on y arrive en cinq minutes à peine, on tourne à gauche en bas de la rue qui descend, on entre, on croise un couple illégitime, ça se voit à leur différence d'âge (bien sûr l'homme est plus vieux), on salue le concierge, pas besoin de clé, non non on vient livrer, c'est où la buanderie, merci. Et les cuisines pendant qu'on y est, on va en profiter pour embarquer les serviettes et on se sauve. Ah bon, vous n'étiez pas prévenus, on est nouveaux, faut dire, on a deux jours d'avance, ça va pas être très long.

Les grands hôtels, remarquez bien, ne sont pas tous aussi faciles d'accès. Il y a ceux où il suffit d'indiquer la 107 pour s'offrir une nuit dans une suite où l'eau chaude est si douce et la mousse si soyeuse qu'on se demande s'il n'y a pas un dieu pour l'eau et le bain moussant, et puis il y a ceux où la valise Vuitton et la carte American Express ne suffisent pas à vous ouvrir les portes de la suite en question – « un instant s'il vous plaît » y sonnerait presque comme une arrestation.

Même pour le petit malfrat occasionnel portant à l'épaule un gros sac mou en guise de bagage, La Verniaz est un établissement qu'on pourrait qualifier d'accueillant. Toutefois les locaux techniques offrent assez peu de ressources. Flink d'ailleurs se demanda soudain ce qu'ils étaient venus faire ici, question qui n'effleura pas Meert pris, lui, d'un désir impérieux : aux cuisines justement, dans l'enthousiasme – le luxe, notez, ça ferait parfois perdre la perception des choses. Donatienne, une fille rousse aux yeux bleus, la peau claire, ravissante incontestablement mais dont les atouts physiques ne pouvaient lui offrir un emploi plus attrayant que faire la plonge dans un hôtel de luxe, avait les deux mains dans l'eau chaude. Dotée de seins tout à fait minuscules, les bras franchement potelés, elle se tenait voûtée. Meert considéra toutefois que ça n'était pas si mal. Il lui demanda son nom, ajoutant moi c'est Meert, et elle lui répondit. Fut-ce une impression fausse ou l'effet de la vapeur, la fille parut même lui sourire, une sorte d'offrande, alors allons-y pourquoi pas. Pour un peu il aurait bien carrément retrousser sa blouse blanche sans prévenir mais quand même reprends-toi, Meert, allez tu lui caresses le cul et après on verra. Cela avait dû la contrarier, cette main, car elle lui balança une bouilloire au visage, retour thermique à la réalité. Meert remonta l'escalier en hurlant Flink, merde mais t'es où bordel. La douleur est horrible, il a la joue pelée et l'oreille en lambeaux.

Dans les hauteurs d'Évian toutes les rues sont en pente. C'est presque plus pénible de les prendre en descente. Arriva le moment où Meert faillit perdre l'équilibre, virage à gauche en catastrophe à deux doigts de la chute, dans l'avenue des Mélèzes, plate, enfin, le calme, des jardins de conifères, de somptueuses villas. Essoufflé, la main sur le visage, il sonna au portail de l'une d'elles. Une femme, la cinquantaine, taillait ses hortensias.

Djezirelli, lui dira le petit inspecteur, quel nom bizarre pour une villa de Haute-Savoie, mais bon, je vous laisse continuer.

## 10

On s'égare, reprenons. Dix heures quinze, Meert arpentait le quai de la gare à distance de la foule, bien loin de la cohue et des types en costume, lunettes noires, oreillette – qu'on n'aille pas lui demander ses papiers ou ce qu'il foutait là, toute cette agitation le mettait mal à l'aise.

Et puis le cinéma, Meert, il s'en fiche complètement. Le seul film qu'il ait vu devait être *Blanche-Neige*. Un moche et sale souvenir. Encore qu'avec le temps le film soit devenu un peu flou (quelques images confuses d'une forêt qui bouge, une histoire de sorcière à foutre des cauchemars), le reste il s'en souvient. Depuis, ces grandes salles sans fenêtres, ces sièges rouges alignés, ce serait presque une phobie.

On lui avait promis un dessin animé s'il ne pleurait plus pour un oui pour un non. Il savait vaguement ce que c'était un dessin animé (faute de télévision…). Ils étaient entrés dans une salle qui lui parut sans fin.

Comme le sol était en pente, sa mère le tenait par la main. Son père, il s'en souvient, ébouriffait ses cheveux. Quand sa mère lui parla à l'oreille au milieu du spectacle il continua de rire à la vue des petits nains, d'avoir peur du cercueil – maman pouvait attendre. Et d'un seul coup plus rien. Au lieu des arbres, des nains et du beau prince, soudain il n'y eut plus qu'un immense écran blanc, des lumières plein la salle, tous les gens qui sortaient, et lui seul dans son rang. Un silence terrifiant. Il a hurlé maman en courant paniqué entre les fauteuils rouges. Personne. Ensuite il se souvient de femmes lui posant des questions en caressant son crâne, d'un gendarme qui l'emmena comme s'il avait fait du mal, d'une machine à écrire. On lui avait demandé chez toi c'est où, petit. C'est près d'une usine où sort de la fumée, même le dimanche ça sort, j'ai fait un grand voyage pour voir le dessin animé, on est venu en train, je m'appelle Johann Meert, j'ai six ans, c'est tout ce qu'il disait, et aussi que son chien c'était Pif. Mais ça n'avait pas dû suffire car il n'avait pas dormi chez lui. Le soir il avait mangé avec un tas d'enfants qui se moquaient de lui. Pareil les soirs suivants. Chaque nuit il entendait sa mère pousser la porte du dortoir et dire Yo, Yo – tout bas pour ne pas réveiller les autres – on rentre à la maison, ton lit est fait. Longtemps il s'était dit que c'était justement pour ne pas faire de bruit qu'elle n'était jamais venue le chercher. Un jour il a compris, le jour où on lui dit qu'il était à Moussey, que Moussey c'était loin, loin de chez lui, loin du monde, et qu'il n'y avait pas de train. Dans un sens ça l'avait soulagé de savoir que c'était ça la raison, les trains, la preuve il dormait mieux.

Foutu couillon, Meert ! avait dit Flink sur la terrasse déserte du Royal en tripotant la montre. T'as toujours pas pigé ? faut te faire un dessin ? mais t'as fait quoi en taule ? t'as donc pas gambergé tout ce temps ? Meert avait répondu qu'en taule il se rappelait s'être fait enculer, qu'ils étaient chaque fois trois en cellule pour le tenir pendant qu'un autre – il savait jamais qui – lui fourrait de quoi souffrir pendant huit jours quand il allait aux chiottes, mais qu'à part ça il faisait pas grand-chose. De la reliure oui, mais de penser jamais. Encore moins à ses vieux.

Après tout t'as raison, Meert, tout ça, d'y repenser, ça nuit, mais quand même t'admettras que ta mère elle s'est bien foutue de toi. À moins qu'elle et ton vieux soient morts, dans ce cas rien à dire, mais tu vois, Mam', aux assises, eh bien elle était là pour leur parler des circonstances, sans quoi j'en aurais pris pour plus. Ça sert à ça, les vioques.

Meert n'avait rien répondu, il s'était contenté de chialer à moitié.

## 11

C'est dire comme tout s'annonçait mal. Dix heures trente, Flink encore à chercher Meert sur le quai de la gare, une chaleur pesante, Meert sur le parking, short court, sac à dos, dégoulinant de sueur, pas de scooter en vue, rien d'autre que la remorque de Mam' que traînaient deux gendarmes pour dégager la voie et la foule qui s'était tout à l'heure attroupée autour d'une limousine noire, à présent dispersée. Inutile de crier vu le bruit, Meert se juche sur une borne et balaye de ses yeux l'horizon comme un phare, rien, si ce n'est une ambulance qu'il entend s'éloigner en fanfare.

Une route de plafonds blancs, des portes qu'elle percute et qui s'ouvrent brutalement juste au bout de ses pieds qui sont nus et glacés, emballés simplement de chaussons en papier très léger, et réveillent chaque fois les douleurs de sa jambe, on la glisse à une vitesse qu'elle n'a jamais atteinte sur le scooter de Mam', même quand Flink au guidon, mais surtout elle est parfaitement allongée, sa jambe droite enserrée dans une sorte de sac, lui-même taché de rouge mais elle n'en perçoit rien, c'est juste une douleur. Elle voudrait bien dire quelque chose mais aucun son ne sort de sa gorge. C'est assez contrariant car une ou deux précisions sur le lieu où l'on semble la conduire si vivement lui eussent été utiles, peut-être même rassurantes. Mais personne ne lui parle. Il n'y a là qu'une succession de portes qu'elle entend mais ne voit que des sphères de lumière froide et triste qui défilent comme des phares de voitures en pleine nuit, des comètes qui s'échappent, elle n'entend que des voix éloignées et des roues sur un sol sans relief qui filent en traînant derrière elles une fine vibration que son corps amortit. On amorce un virage, une porte se referme sur un ciel sans étoile, une salle où résonnent quelques pas et des voix qui s'éloignent et la laissent. Seule dans une salle où bourdonne à présent sur le toit une pluie torrentielle.

Tout cela est bien joli mais moi voyez-vous j'ai une soif terrible, ce que je voudrais c'est boire, manger un tout petit peu, et puis rejoindre Flink sinon je vais me faire engueuler, sacrément engueuler, vous le connaissez pas, s'il vous plaît laissez-moi, je peux me débrouiller, ah bien sûr c'est facile de me laisser attachée sur un lit sans personne à côté, on dirait qu'on me réserve quelque chose, et puis c'est quoi ce bruit, c'est pas la pluie quand même, c'est bizarre tout à l'heure il faisait du soleil, et puis merde je m'en fous de la pluie, ce que je veux c'est sortir, justement tant qu'on y est, pourquoi pas tenter le coup.

Allons fais un effort, ma fille, d'abord une jambe dehors – quitte à en choisir une autant prendre la meilleure – et puis l'autre maintenant, un peu grosse, turgescente, elle est gourde mais elle tient, c'est déjà une victoire, on y est presque, voilà, debout, tu es dans une grande salle où les lits sont mieux faits qu'à l'hôtel, alignés comme des pions, on dirait un dortoir en plus blanc, et personne ne t'embête, bon, tu as arraché des fils, le tuyau que tu avais dans le bras, on dirait que ça saigne – mais ça va, regardez, je ne suis pas malade, juste une petite blessure, ça ira pour sortir, la seule chose c'est cette blouse attachée dans le dos, on doit voir mon derrière !

Ça n'a pas fait un pli. On te l'aura pourtant assez répété, ma chérie, s'il te plaît cache ton cul, s'il te plaît mets toujours à l'abri cette merveille, caches-en la moindre courbe sinon on s'imagine, parce qu'ici on ne peut plus rien pour toi. T'as beau être à l'hosto, tu attends et t'es seule.

Quand la pluie de surcroît s'y met, tombe d'un ciel gris comme le fer, sans lumière véritable immergeant le décor d'un faux jour où les ombres se croisent comme pendant une éclipse, tambourine de toutes parts, entrecoupée d'éclairs blancs comme la glace, d'un coup le cul d'Hélène, une fraction de seconde, fait deux lunes ravissantes entre les pans négligés de sa chemise ouverte, impossible d'y couper, non, vraiment, elle est seule dans cette salle où les lits font une suite de pièces blanches identiques – pour celui qui voudrait jouer aux dominos géants il y aurait de quoi s'amuser un moment – mais avec une telle femme, un cul de toute beauté, autant s'adonner carrément à des jeux pour adultes. Le type n'a pas de nom, on ne le reverra pas, un visage passe-partout, une carrure de boucher, tablier et sabots à l'avenant (plastique blanc taché rouge), il chausse du 46, au bas mot. D'abord elle crut qu'on était venu la chercher pour sa jambe, eh bien non, il aura bien fallu se rendre à l'évidence, le boucher se fout bien de sa jambe et de sa dentition, même s'il se sert des deux pour l'immobiliser. Hélène a les genoux au sol maintenue contre un lit, en prie-Dieu, elle est agenouillée et supplie qu'on arrête d'appuyer à ce point sur sa plaie. Ou plutôt voudrait bien implorer la clémence mais le mors qui lui sort de la bouche est tellement bandé, sa tête si rejetée en arrière, qu'elle n'a plus que les yeux pour hurler sa détresse. Et son corps pour tâcher d'éjecter le cavalier dont le ventre à présent est couché sur son dos. Rien n'y fait. Et comme précisément lui ne voit pas ses yeux, ne peut donc succomber à cette imploration, il y va de plus belle et assène à sa prise une pointe grosse comme ça qui s'enfonce lentement dans l'ombre entre ses lunes avant d'y effectuer des mouvements de piston qui, tout en claquant ses fesses, semblent ne plus s'arrêter.

Ça dure des heures un viol pour la monture. Et quand, pour couronner le tout, le cavalier envoie, à l'acmé du plaisir, une percée qui traverse le ventre et inonde, alors s'ajoute à la douleur une envie de vomir de honte et de dégoût.

Souvent les choses en restent là mais dans le cas d'Hélène il y eut un *da capo*. Comme si le petit jeu n'avait pas suffi tout à fait au boucher, on reprit depuis le début, cette fois-ci sur le dos, tandis que la pluie ne cessa elle aussi, ajoutée à présent à des bruits de pelleteuses et divers autres engins de chantier.

Ensuite, les meilleurs spécialistes vous le diront, il y a toujours un moment de flottement, une chute libre qui précède le retour au sensible, au concret comme le sol. Cet instant suspendu, Hélène le vécut allongée sur le lit, sa chemise de malade en transit retroussée sur son ventre, peau poisseuse, sexe béant, désespérément seule – tu peux toujours pleurer, sangloter, appeler Flink, d'abord il n'est pas là, et puis on comprend rien, ça t'apprendra, ma fille, à vouloir faire la fière avec une jambe en rade, t'aurais mieux fait de dormir.

## 12

Ils sont trois dans la pièce, une petite fenêtre donne un peu sur le lac, on y voit la promenade où des enfants pédalent sur des hippomobiles tractées par des chevaux à roulettes, la lumière est limpide mais dedans l'atmosphère est viciée, ça empeste le tabac et la bière. Dans un coin, un agent frappe sur le clavier d'une vieille IBM électrique. Le type qui interroge a le pied sur le siège du coupable, il transpire, son haleine est une vraie infection. Ah oui ? en avait plus ou moins convenu Meert en tâchant de s'écarter de l'odeur, un nom bizarre Djezirelli ? c'est ce que la dame m'a dit, elle taillait des grosses fleurs, enfin oui, si vous le dites, mais vous savez, moi, je connais que Moussey et puis Nice, enfin non, Nice j'y suis allé qu'une fois. Bref, reprenons, avait dit le petit inspecteur qui, avant de passer au tutoiement, décida de fumer sous son nez juste pour le faire chier, tu rentres dans la villa avec ce nom bizarre mais avant, raconte-moi.

Il faut dire que j'avais oublié mes deux sacs à l'hôtel.

Quel hôtel, nom de Dieu ? y en a plein à Évian, se mit à brailler le petit inspecteur.

C'était mon sac à moi et puis l'autre, enfin le sac de linge je veux dire… ah oui ! quel hôtel, je sais pas, les enseignes ça n'a jamais été mon fort, donc je sais pas quel hôtel, en fait je sais pas lire.

Je vais te le dire moi le nom de cet hôtel, il s'appelle Le Royal, cinq étoiles, vous êtes deux, vous y passez cinq nuits, vous partez sans payer la dernière, mais avant vous faites un grand ménage toi et ton copain, d'ailleurs c'est comment qu'il s'appelle ce copain, hein, bonhomme ?

Un copain si on veut, lui dit Meert, je le connais qu'à moitié, je sais même pas où il est en ce moment.

T'inquiète, mon bonhomme, nous on le connaît. Où il est, je vais te dire : repéré ! on le file aux baskets, il cavale en montagne avec deux sacs à linge… et par un froid pareil il va pas aller loin. Mais maintenant va falloir s'attarder sur plus grave.

Tandis que le visage de Meert se mit à virer vermillon, celui de la fille rousse lui revenant en mémoire, il sembla que dehors, brutalement, le temps décida de tourner à la pluie, un ciel gris, presque noir assombrit le bureau. Sur plus grave, insista le petit inspecteur, je veux dire la vieille dame.

Ah bon, s'étonna Meert, quelle vieille dame, je ne vois pas, je ne vois pas vraiment, mais maintenant que vous me le dites, oui peut-être, un parfum de vieille dame, un flacon de parfum de vieille dame qu'a des sous.

Tu vois ça te revient… et encore une odeur on dirait! tu vas quand même pas nous refaire le coup de l'odeur de brioche? Tu sais on te connaît, ajouta calmement le petit inspecteur, debout à la fenêtre, en regardant les gamins quitter leur monture pour rejoindre leur mère et se mettre à l'abri de la grêle qui se mit à tomber.

Les sales moments, les pires, ils taraudent en silence. On les fout sous le tapis, le temps leur creuse un trou, on les croit enterrés. Mais ils n'en finissent pas de gratter le cercueil. Et un jour c'est un flot écœurant de bestioles qui remonte à la surface. Cette odeur de brioche, et on vit d'un seul coup Meert attraper la nausée. Le petit inspecteur avait soulevé le couvercle. On allait le refoutre en prison, on allait de nouveau l'emmerder avec la petite Laetitia, ses envies de peau blanche et laiteuse, ses séances de branlettes dans les chiottes. Alors oui, finit par avouer Meert, Donatienne… j'ai pas pu résister, j'ai caressé son cul, j'aime les rousses j'y peux rien, elle avait les deux mains dans l'eau chaude, y avait plus qu'à lui faire une caresse, vous auriez fait pareil non? dans de telles circonstances! Là, une volée force sept traversa la joue brûlée de Meert qui reprit des couleurs avant de vomir sur ses genoux, tandis que l'agent au clavier de sa machine demanda s'il devait consigner cet embarras gastrique. Non, connard, rétorqua l'inspecteur.

On reprend à zéro, on en revient au Royal, à la vieille trouvée morte dans sa chambre, Meert comprend de moins en moins ce que fait cette femme morte sous un lit, c'est bizarre en effet, répète Meert ; tellement innocent que ça frise la bêtise et bientôt l'insolence à force de jeter des regards ahuris au petit inspecteur. Forcément ce dernier, humilié, s'autorise une série de volées sur le pansement de Meert avant d'en dérouler doucement le bandage, d'arracher les compresses et tirer son oreille toute poisseuse.

La douleur restera sans effet sur les aveux de Meert qu'on aura maintenant remisé pour la nuit dans la cellule du fond, puisqu'on en a fini avec les formalités, que le petit inspecteur a quitté les lieux, que l'agent a refermé le couvercle de la vieille IBM électrique, que le soir est tombé, la promenade sur le lac désertée pour de bon, les chevaux à pédales sous des bâches enchaînées, le lac une vaste étendue noire au bout de laquelle, à portée, lumineuse, on devine la rive suisse qui scintille.

Il n'y a plus de bateaux à cette heure, et d'ailleurs Meert s'en fout qu'il n'y ait plus de bateaux, il s'endort, sa joue saine sur un vague paillasson qui lui sert d'oreiller.

# 13

La pendule de la gare marquait moins de onze heures quand Meert aperçut Flink occupé à donner des coups de pied en hurlant dans la tôle d'une remorque. Figé un long moment, Meert se demanda comment décidément se sortir de cette histoire – partir, retourner à Moussey, tout compte fait Moussey non, mais partir – quand la pluie se mit soudainement à tomber d'un ciel gris comme le fer, immergeant le décor d'un faux jour où les ombres se croisèrent comme pendant une éclipse, inonda la grande place, le parking, les passants et les rues, martelant le bitume allumé par moments d'éclairs blancs comme la glace. Onze heures, le corps de Meert moulé dans ses vêtements trempés laissait voir les replis de son ventre, ses tétons et son sexe, pitoyable animal. Ils sont deux sur la place à présent désertée : lui et Flink qui a fait de la remorque une chose en ferraille.

Putain, c'est quoi ce truc, t'as fait quoi de la remorque et Hélène où elle est ?

On essaye de comprendre, le scooter envolé, la

remorque sur le trottoir, et Hélène qu'est-ce qu'elle fout, si ça se trouve… ah putain. Meert, qui avait, souvenons-nous, trouvé l'idée douteuse – une fille – mais s'était contenté à l'époque de rester silencieux, pour une fois fit la moue. Ce à quoi, épuisé, les lunettes de cycliste remontées sur son crâne, le maillot à motifs outre-mer ruisselant, le survêt vieil orange en chiffon, Flink ne répondit que par un dernier coup asséné à la tôle, éclatant sa Nike jaune qui s'ouvrit comme une fleur. Voilà où nous en sommes. Tout reprendre à zéro, faut tout reprendre à zéro vu qu'Hélène, le scooter, la remorque et le soleil ont quitté le terrain de jeu. On va pas se démonter pour si peu, pas vrai, Meert? il suffit de passer au plan B. Le plan B, pourquoi pas, Meert n'y vit rien à redire, vu que le A, déjà, il ne l'avait pas compris, du moins n'en avait pas disons une vision d'ensemble. Donc le B allons-y. Le problème tu vois, Meert, c'est ma Nike, j'vais pas pouvoir marcher dans la flotte avec ça sans me bousiller le pied, ça serait plutôt fâcheux, vu que toi, question sprint, t'es pas vraiment au mieux, moi j'ai besoin de mes pieds… je proposerais bien un truc, tu vas encore pester.

Au point où on en est, inutile de pester, Meert ferme sa gueule. Nous sommes par conséquent sous la pluie torrentielle, ce qui reste de remorque est précaire mais ça roule, Meert tracte à l'avant, Flink assis dessus se tripote les orteils. On emprunte les boulevards, les avenues, les rues puis les allées, cap au nord on remonte le courant, la ville est dépeuplée comme un dimanche d'octobre, dégorge sous le déluge, Meert transpire, Flink a froid. On arrive tant bien que mal au Camping de la Mouette dont l'enseigne se balance sous la pluie quand, au loin, sous les pins, on entend la voiture de Solange patiner dans la boue. C'est Mam' qui fait office de moteur à l'arrière, elle pousse la Fiat 500 les deux pieds dans la fange, Solange est au volant, accélère sans succès. À mi-chemin finalement on se croise, ah mon Dieu, dit la mère, quel malheur / Hélène à l'hôpital avec une vilaine plaie / pourvu qu'ils y arrivent à lui sauver sa jambe / paraît qu'elle est pas belle / on y va / et puis vous / enfin toi mon enfant / il t'est arrivé quoi encore / c'est dans quoi que tu es / ce chariot / mon Dieu décidément / qu'est-ce que vous allez faire / il t'est arrivé quoi ?

Putain, Mam', il m'est rien arrivé, de vilaines circonstances, voilà tout. Et Hélène ? ah putain ! le scooter ! Mais on va s'en sortir, on se change et on voit, voilà ce qu'on va faire, après on ira voir Hélène, t'inquiète, Mam', dis-lui bien à Hélène qu'on va pas tout lâcher et qu'après je l'emmène en vacances comme prévu, jambe ou pas. L'Italie tu lui dis, on ira en bagnole.

Comme Meert n'est plus à cent mètres près, il propose à la mère de monter en voiture. La mère monte, la Fiat gîte, Meert les pousse une bonne fois et nous voilà parties dans les rues de la ville direction l'hôpital, essuie-glaces pleine vapeur, ah mon Dieu ma Solange / attendez / demi-tour / oublié quelque chose / on a oublié les roses / faut revenir au camping pour les roses / on peut pas aller voir la petite sans des fleurs / tenez y a un rond-point. Tant qu'à faire, pas la peine d'embourber la 500, laissons-la sous l'enseigne à l'entrée du camping.

La voiture de Solange est minuscule, dans les rouges, mais un rouge qui aurait encaissé d'innombrables saisons de soleil et de pluie, en sorte que ce rouge tire plutôt sur l'orange, a perdu son saignant. Et les sièges, qui étaient autrefois couleur crème – un skaï qualité luxe parfaitement respectable – eh bien maintenant les sièges accusent une teinte gris sale, tannés par le frottement du séant de Solange (côté gauche) et de Guitte (côté droit) en plus d'un affaissement virant à la cuvette, plus marqué côté droit, pas besoin de vous faire un dessin. Les pneus sont à l'avenant, autrefois à flancs blancs, à présent écaillés. Le moteur broute un peu. Mais au moins, c'est un des avantages de la Fiat de Solange, il y a une pendulette, une petite pendulette électrique qui tinte un coup à midi et minuit, et indique justement midi pile quand Solange et sa Guitte ont déjà entrepris de patauger dans la boue, remonter le chemin sous les pins et la pluie – trois cents mètres et on y est ma Solange.

# 14

Quand Meert se réveille, le petit inspecteur a repris du service, il campe droit comme une tige, les genoux légèrement écartés, les mains derrière le dos, l'œil en coin sur sa proie, une manie qu'il a prise à force d'étudier la façon dont se tient Clint Eastwood dans *L'inspecteur Harry* quand il veut obtenir des aveux – même si, il faut bien le dire, à Évian, ça marche beaucoup moins bien. Mais qu'importe, ce matin Callahan est en forme, il fait beau sur le lac, la rive suisse ressemble à Alcatraz, on va faire un peu de zèle. Garde à vue prolongée. Inutile d'en dire plus.

Quand toutes les procédures furent ainsi expédiées au bureau du petit inspecteur, épuisées les options de garder le prévenu à l'étage face au lac, les autres moins légales d'ajouter des raclées à une tête déjà bien tuméfiée par le manque de sommeil, furent signés les aveux, fut versé le dossier du fautif à un plus haut niveau, entamée l'instruction, fixée la préventive, ordonné le transfert, embarqué l'inculpé en fourgon Voltigeur 1 000 kg gris souris, ouverte puis refermée l'enceinte du centre pénitentiaire le plus élevé d'Europe – altitude trois mille mètres –, quand furent déclinés nom prénom profession âge sexe et chefs d'inculpation, déposés les effets personnels du coupable, quand fut habillé celui-ci de la tenue de rigueur, tatoué sur son bras gauche matricule 607, quand donc on referma sur Meert la porte d'une cellule avec vue sur les cimes mais sans commodités, assis au bord du lit il fut pris d'une envie de chialer.

Et puis il arriva qu'après avoir lu et relu des illustrés sans texte qu'un gardien lui avait apportés dans un jour de bonté, avoir rendu les livres dans un jour de déprime, attendu quelques mois l'avocate qui – prétextant l'altitude et la neige, le brouillard, le dégel, la chaleur, les orages puis la grêle, le verglas puis le froid – n'était venue qu'une fois pour ne rien lui apprendre, attendu qu'on lui dise à la fin quelque chose, il arriva qu'un soir vers les cinq heures – nous étions en novembre, un lundi de novembre –, on ouvrit sa cellule, lui remit un carton contenant ses effets personnels (son piteux sac de toile, un paquet de tabac, la montre de papa, la boîte vénézuélienne et trois pièces de monnaie), les vêtements qu'il portait en décembre, le tout en échange de papiers qu'il dut signer d'une croix en l'absence d'avocat, vu la neige cette fois-ci. Il advint qu'escorté de deux gardes on l'emmena gentiment à la porte, qu'un feu jaune clignota, que la gâche électrique émit le dernier son qu'il perçut de ce lieu juste avant que la porte ne claquât derrière lui dans un bruit de ferraille assourdi par la neige et le vent.

Panorama splendide, une lumière orangée frappe un pic qui dépasse tous les autres, il n'y a ni vallée ni village, seulement une vaste nappe, comme une mer de brouillard d'où émergent les montagnes, et il neige. Il est quoi, dix-huit heures, temps couvert, mille dix-huit millibars, moins douze degrés Celsius ressentis moins vingt-sept compte tenu des flocons et du vent, sans parler de la veste de Meert – ni doublure ni capuche. Ni borne ni panneau, impossible de trancher car au nord comme au sud la route n'est qu'un couloir au milieu des sapins, Meert est là sans bouger. Encore dix bonnes minutes et voilà qu'en fin de compte il serait plus prudent de retourner en taule.

T'es vraiment qu'un couillon, Meert, tu veux retourner en taule ? Allez monte.

Flink est au volant d'une petite voiture rouge – tout à fait minuscule mais dont les sièges sont taillés dans un skaï couleur crème parfaitement respectable et l'intérieur chauffé très au-dessus du zéro –, il se penche sur sa droite, il entrouvre la portière et tapote sur le siège passager – allez monte reste pas planté là tu vas choper la mort.

Meert monte, la voiture gîte un peu.

Je te vois venir, Meert, tu piges pas ce qui t'arrive. Y a rien à piger, c'est comme ça la justice, y a qu'à lire les journaux. En gros t'as fait un an pour rien, enfin presque.

Tu sais moi les journaux...

Je les lirai à ta place. Allez ferme, tu vas faire refroidir. Il faut juste qu'on fasse gaffe au verglas, on ira au jugé. Tu vois, Meert, quand tu sais pas où aller, je dis ça pour le coup où ça t'arrive encore, tu regardes les poteaux, les poteaux électriques et tu quittes pas les lignes. Au bout, y a forcément un machin compliqué, un transfo, un truc à haute tension ou même une centrale. Eh bien figure-toi qu'à côté d'une centrale y a toujours une rivière, un torrent, un barrage, et des gens. Tu peux me croire, l'électrique c'est un peu ma partie.

Oui, enfin là, en montagne, une centrale.

T'es vraiment qu'un couillon. Justement, en montagne ! Allez on va bouffer, je t'expliquerai en bouffant, t'es trop con. Regarde en l'air, suis les lignes, moi je m'occupe du verglas, sur les plaques ça patine.

Dénivelé deux mille mètres, vingt heures à tout casser, mille vingt-trois millibars, température zéro, plus un souffle de vent.

Le Relais de La Giette est au fond d'une vallée. Un parking défoncé le sépare de la route et le long de la route il y a un torrent, et en face du torrent la paroi d'une montagne, une paroi raide et sèche et très grise et sans arbre, d'un gris sombre comme une mort imminente. Tout est gris, tout est terne, encaissé ; même si l'eau est émeraude, aucune vie au décor. Des fonds gris comme ce lieu il y en a des dizaines mais ce fond a ceci de plus gris qu'il est gris toute l'année, ni la neige en hiver ni la lumière d'été jamais ne s'y immiscent. Qu'elles y parviennent un jour, elles sont si mal reçues que très vite elles se font oublier et se laissent engloutir par le gris de la roche, du bitume et des pierres. C'est un lieu où la neige se suicide et la lumière renonce. Il y a bien de rares fois où une petite voiture d'un rouge vif comme le sang, avec deux types dedans, dévale de la montagne, se gare sur le parking, juste au-dessous de l'enseigne lumineuse du Relais de La Giette, il y a bien de rares fois où les deux types ont faim, ont envie de descendre, se dirigent à l'entrée, la franchissent en laissant derrière eux de petites flaques d'eau sale sur le carrelage orange, il y a bien de rares fois où les types commandent le plat du jour, de la bière et des frites, mais c'est exceptionnel. Car le reste du temps le Relais de La Giette est désert, les tables dressées pour rien : toile cirée à motifs, poivre et sel et moutarde bien rangés sur le bord, cendrier Ricard jaune et carafe au milieu, des chaises en formica alignées au cordeau. S'il y a quelquefois des mariages, au prétexte que c'est grand, qu'il y a une sono et que c'est bien éclairé, c'est seulement pour la bourse – à plusieurs c'est rentable. Si ! parfois un enterrement. On a vu des repas d'enterrement. Sinon c'est du gris toute l'année, l'enseigne lumineuse clignote pour pas grand-chose : que les mouches en été et personne en hiver. Alors quand Bérangère a vu la Fiat 500, les deux types en sortir, marcher sur le parking et entrer dans la salle, c'est le visage radieux qu'elle les a accueillis. Elle a même allumé les néons du plafond en plus des luminaires suspendus sur les tables. Et branché la machine à café – jour de fête au Relais. Meert, ça lui a fait tout bizarre une fille aussi gentille.

Et puis c'est pas pour dire mais t'as vu, Flink, elle est drôlement montée.

Flink a choisi une table contre la vitre, côté route, loin de la porte des toilettes.

C'est une règle tu vois, Meert, toujours loin des toilettes, par hygiène. En plus, quand y a une vue…

Cette année le plat du jour c'est salé aux lentilles, y a des frites, c'est en plus, et la bière c'est en pinte mais le café est offert.

Comme Meert ne répond rien et n'a d'yeux que pour la petite fente entre les seins de la fille, Flink : alors c'est deux salés, et deux frites, et deux bières.

Bon maintenant je t'explique, à moins que tu veuilles des détails sur les lignes haute tension, quand t'arrêteras de reluquer la fille, je t'explique ce qu'on fout là. La voiture c'est Solange, presque neuve (la voiture je veux dire) et Solange une vieille amie de Mam', toujours là pour aider, une vraie fée. Pas rapide sa voiture quand on est en cavale mais c'est mieux qu'un scooter (parce que Mam' se déplace en scooter). Tu connais *Le Dauphiné libéré*? non. Eh bien dedans y a tout. Même toi tu y es dans *Le Dauphiné*, c'est dire. Enfin bon, toute façon tu t'en fous, je vois bien que tu t'en fous, je vois bien que c'est pas le jour, que ça descend pas tout seul, que t'es pas sur un jour en pente, pas la peine d'expliquer, allez, profite donc du salé, on verra ça plus tard.

Oui plus tard car la fille pour l'instant lui adresse du comptoir un panel de petites minauderies suggestives, les mains dans l'eau de vaisselle. Décidément.

L'histoire ne dira pas si Meert s'est jamais inquiété du prénom de la fille, car Meert n'en dira jamais rien. Qu'elle restât dans son cœur pour ses seins voluptueux – son cul n'en parlons pas –, la douceur de ses mains, la finesse de sa nuque, ça n'est pas impossible. Mais le cul c'est pas tout. C'est ce que ne comprit jamais Flink dont les questions au sujet de cette fille se heurteront plus tard au mutisme de Meert. Bérangère avait le visage empreint de malchances successives, vingt-trois ans d'infortunes venues à bout d'une fraîcheur rayonnante, des traits d'une beauté touchante arrivant à son terme, mais une candeur intacte. Alors Meert, forcément.

Tandis que le salé aux lentilles refroidit, que Flink face au parking finissait son plat de frites et sa bière, que les néons se mirent à clignoter et que dehors personne, ni client ni voiture, au sous-sol, au bout de la remise, tout près d'une chambre froide dont les gonds ne tenaient plus, dans un petit espace où guère plus de deux hommes, de deux femmes – ce soir-là une femme et un homme – ne pourraient se tenir debout, et encore, en bougeant à peine (ce qui ne limita le plaisir ni de l'un ni de l'autre), malgré le froid du lieu, la poussière sur le sol, le ciment des parois, Meert et Bérangère, donc.

Comme Meert ne mange rien on paye, au passage un pourboire à la fille, on remonte en voiture, et d'abord on se tait. Route de nuit. La petite pendulette de la Fiat tinte un coup, on n'est pas arrivés. Ensuite on dit trois mots et puis comme on s'ennuie on finit par causer. Alors on parle de Serge, le grand frère du Texas qui croupit en cellule en attendant la chaise, mais bien sûr comme c'est loin l'Amérique on s'attarde un peu moins sur son cas. Et puis j'avais cinq ans quand il a foutu le camp pour Dallas, faire du fric dans le pétrole, du coup j'ai pas de souvenir et ça c'est pas plus mal. Et comme Meert ne dort pas, Flink continue de meubler. Tu vois, Meert, t'es pas le seul dans la merde, moi ma merde c'est mon vieux qui picole et qui frappe à tout-va sur nous trois, ah oui je t'ai pas dit j'ai une sœur qu'a dix ans et qui s'appelle Victoire. Dix mois que je l'ai pas vue, avec toutes ces conneries, et ça me manque tu vois, je la préfère à mon vieux. Elle va te plaire, Victoire, enfin je te dis ça… pas question de t'approcher.

# 15

Midi vingt. Alourdies par la pluie et le vent les roses font un peu tristes, mais avec Flink et Meert la cueillette ça va vite. Sans la mère, parce que décidément, pour Mam', ça s'avère pas possible vous voyez ma Solange / se baisser et c'est toute une affaire / j'ai le ventre sur les genoux / même celle-ci la plus haute / j'arrive pas à la prendre.

Mais si mais si, ma Guitte, vous êtes drôlement agile pour une femme de votre âge, je vous l'ai déjà dit, enfin bon, tenez donc prenez ça.

Après tout pourquoi pas / autant faire le bouquet / ça je peux / je vais couper les tiges.

Ça tombe bien, Guitte en connaît un rayon sur les roses. De la pousse au bouquet. Mais surtout les bouquets. À propos des bouquets, elle pourra vous le dire, les roses fraîchement cueillies supportent mal un changement climatique trop brutal, pour faire un beau bouquet il faut rester dehors. Qu'on patauge dans les flaques, les pieds dans la gadoue, tant pis, pas question de rentrer. Ensuite, Guitte vous le dira, il convient de poser une table pliante à côté du massif, y aligner les roses puis, armée d'un sécateur, les tailler une à une d'une longueur égale, les grouper en deux tas (les cueillies à sa gauche, les coupées à sa droite) et pour le cas où vous auriez besoin d'un bouquet conséquent, y aller carrément : pas question de lésiner, main lourde sur la cueillette. Et juste ne laisser qu'une ou deux fleurs en terre – que la terre n'oublie pas que naguère il y avait un massif de roses rouges à l'entrée. Quant au chanvre, à la feuille translucide délicate qui vont serrer le bouquet comme la taille d'une jeune fille, lui donner sa superbe, son craquant à l'oreille, souligner le velours de la fleur, tout compte fait un lacet usagé et une page de journal font l'affaire, tant pis si *Nice-Matin* laisse souvent les mains sales – ça fait toujours plaisir d'avoir de la lecture quand on est dans un lit. Voilà, fin de la leçon sur les roses. Vous voyez, mon amie, on va même en faire deux des bouquets, Hélène va être contente.

Tiens donc pendant qu'on y est / si vous pouviez Solange / nous faire une petite photo / justement profitons du rayon.

Sitôt dit sitôt fait, Solange sort son Pola : voilà Guitte sur la marche à l'entrée, debout entre les pneus sous l'ampoule allumée au-dessus de la porte, un bouquet dans chaque bras ; quand un rai de soleil vient frapper les deux roses rescapées sur le tas de terre noire, au moment où Guitte fait un sourire, l'œil collé au viseur Solange fait la photo, un court bruit de moteur accompagne le Pola que l'appareil expulse comme un gamin sa langue. Carré gris sur fond blanc, on secoue, on attend, les couleurs apparaissent, les flaques rouges des pétales, la blouse verte de Guitte, le bleu pâle de la table, les reflets de métal de l'Airstream, les deux pneus, *Nice-Matin*, c'est splendide. Comme quoi c'est une chose qui compte la lumière les jours où, en vue d'une visite, on doit faire un bouquet et qu'on veuille en garder un souvenir.

Maintenant vous voyez ma Solange / si je puis dire / et sans vous faire de mal / je crois bien qu'on devrait changer de chaussures / en bottes j'ai ce qu'il faut / question pieds / du 38 / c'est comme moi / tenez / à moins que...

Ah mais non, riche idée, mon amie, allons-y pour les bottes. Mais au fait, tout à l'heure, votre fils, enfin ça veut dire quoi « on va pas tout lâcher » ? un projet de travail ?

Allons bon, se dit Mam' en prenant son amie par le bras, va falloir raconter des sornettes à Solange.

Vues de dos deux femmes d'un certain âge marchent sous les pins un bouquet dans les bras dont les fleurs se balancent à chaque pas. Les arbres ont beau les recouvrir sous une voûte immense, le décor est d'un plat pathétique. Il y a certes la couleur de leurs fleurs qui dénote, mais le rayon de soleil à présent disparu a laissé la pinède se diluer dans un vert uniforme, un vert fade, une couleur sans avenir. Les gouttelettes de terre fraîche éclaboussent leurs mollets de petites taches noirâtres qui, à mesure qu'elles s'éloignent, se rejoignent peu à peu et les noient dans le lieu. Seules deux flaques de fleurs rouges bringuebalent en cadence sous les arbres et la pluie, et rejoignent la Fiat.

Tu vois, Meert, lui dit Flink les yeux sur le chemin, une maman… on dira ce qu'on voudra.

## 16

Tandis que le salé aux lentilles refroidit, que Flink face au parking finissait son plat de frites et sa bière, que les néons se mirent à clignoter, et que dehors rien – ou seulement les montagnes encaissant le Relais de La Giette dans la lumière du soir –, à Lestrem, tout au nord de la France, Mam' revenait du cimetière. Seule ; car le père n'était pas en état de marcher droit et Flink on ne sait où. Il avait bien fallu aller le reconnaître le corps de sa petite sur les bords du canal, ce corps allongé là, inerte, méconnaissable, la seule joie de ses jours toute cireuse et bouffie de noyade et d'autres choses encore, le cadavre minuscule, fragile et déjà froid de sa petite Victoire. Après, avec Solange, on avait fait venir une ou deux bonnes amies – ça faisait un peu plus familial vis-à-vis du curé –, on avait demandé à Albert et José, les quincailliers du coin, de descendre le cercueil dans la fosse – à deux ça suffisait. Et on avait posé une plaque « À notre petite chérie » avec sur le côté une photo en couleurs. Puis on avait jeté quelques roses sur la tombe comme on fait chez les riches. Il y avait ce soir-là sur Lestrem une lumière d'automne, nous étions en novembre, un lundi de novembre, il venait de pleuvoir, le ciel était gris sombre et la terre noirâtre mais les arbres inondaient les allées d'une lumière dorée qui fit du dénuement de Guitte une épreuve supportable : l'enfant partait dans cette lumière-là, et sa tombe serait la plus fleurie parmi celles des soldats de 14 qui comblaient le cimetière et qu'on n'honorait plus qu'une seule fois chaque année. Les souvenirs se mélangent mais la mère se souvient qu'au milieu de ses larmes, à cause de cette lumière elle avait ébauché un sourire. Maintenant elle regrette que Solange n'ait pas fait un Pola de la tombe ce jour-là, juste un, qu'elle aurait pu garder. On a beau ne jamais avoir lu un seul livre, les couleurs de l'automne on y est toujours sensible. Elle était rentrée seule, avait trouvé le père à moitié effondré sur la table et gueulant mais qu'es-tu allée foutre, ma pauv'Guitte, nom de Dieu on t'attend pour dîner. Quand la mère avait dit simplement qu'elle était au cimetière mettre en terre une rose, ajouté et d'abord « on » c'est qui, lui, avachi et crasseux, n'avait rien répondu et s'était contenté de montrer le fait-tout. Alors la mère n'avait mis qu'une assiette sur la table, avait servi le père et elle s'était assise. Après le bœuf en daube qu'elle le vit engloutir bruyamment sans un mot, elle sortit faire une couronne de roses qu'elle cloua à la porte et alla se coucher. Une couronne grande comme ça.

Et tandis qu'on roula toute la nuit dans la Fiat à causer

plus ou moins, que Meert s'endormit, Mam' resta figée, allongée dans le lit près du père qui ronflait, et les yeux grands ouverts.

Tout au nord de la France, il y avait ce jour-là une lumière d'automne, nous étions en novembre, un mardi de novembre, il venait de pleuvoir, le ciel était gris sombre, le bitume scintillait, l'aurore posait sur la maison une lumière fatiguée, saturée de tristesse – c'est une petite maison sur une parcelle infime, toute teintée de cafard, noyée dans le brouillard de septembre à juillet, contre une voie ferroviaire, un seul arbre, un portail envahi de mauvaises herbes. Meert et Flink arrivèrent à Lestrem au matin. De la Fiat garée sur le trottoir d'en face, Flink a dit tu vois, Meert, même l'automne, Mam' se met en quatre pour faire pousser des roses, regarde donc, il y a même une couronne sur la porte, attends-moi une seconde. Meert, il trouva ça bizarre une couronne sur une porte mais il n'avait rien dit.

Flink descendit de la Fiat et traversa la rue.

D'abord Meert assista à la scène assis dans la 500, moteur au ralenti, comme dans ces cinémas où l'on peut voir un film en restant au volant, mais là, le son en moins. Il vit Flink attendre une minute sur le seuil de la porte, la lumière du perron s'allumer. Il vit la mère ouvrir – du moins il supposa qu'il s'agissait de la mère, une grosse femme en pantoufles, l'air gentil, enveloppée dans une blouse en pilou, un bonnet sur la tête –, il la vit prendre Flink dans ses bras, puis le fils l'écarter, la secouer gentiment, la serrer à son tour.

Mais quand Meert s'aperçut qu'ils pleuraient tous les deux, il coupa le moteur et sortit de la voiture, simplement pour comprendre. Et c'est là qu'il vit Flink se mettre à taper de ses poings le portail en chialant comme un gosse, et jurant qu'il choperait le salaud qu'avait tué sa Victoire. Meert en fut tout retourné de voir une chose pareille, un grand type plein de bagou devenir aussi triste.

La suite s'est passée vite.

La rue s'éclaira de faisceaux bleus et blancs avant que des sirènes ne déchirent le silence du matin. Trois voitures de police s'arrêtèrent en même temps dans la rue, encerclèrent la maison et les portières s'ouvrirent. Ils pointèrent leur fusil sur le visage de Flink qui continuait de pleurer, les mains derrière la tête. Il y eut peu d'échanges. On entendit seulement Flink supplier les agents qu'on l'emmène au cimetière. Le convoi disparut sous les yeux de la mère qui resta un moment sur le seuil de sa porte. Puis Meert s'éclipsa.

Il marcha dans les rues de Lestrem, erra d'un banc à l'autre et, sans trop savoir pourquoi, il finit par aller au cimetière.

Il en avait déjà vu des visages et des sexes et des seins de gamines qui l'avaient bouleversé, mais des tombes jamais. Sur ses doigts il compta à rebours : à en croire ce qu'il y avait sur la tombe, elle était morte jeudi.

À Lestrem le matin, sans argent, c'est un peu comme à Nice, à Moussey ou ailleurs, il n'y a rien d'accueillant. Le paquet de tabac a filé en voiture, la monnaie on ne sait où. Si. Peut-être au Relais de La Giette. Et après. Il y a bien la montre, la montre de papa, mais quand on est dans le rang des couillons, inutile d'espérer vendre un truc sans se faire couillonner. En novembre il n'y a rien dans les arbres. Inutile d'attendre Flink qu'est pas près de s'en sortir, va en prendre pour dix ans – une vieille qu'on assassine ça va bien chercher ça. Reste donc la rapine, les casse-croûte chapardés dans les grands magasins, les poubelles ou la soupe populaire.

Alors après cinq nuits par zéro ou moins dix, Meert se dit que la taule finalement, il connaît, c'est chauffé. Il faut juste doser son affaire pour en prendre ni trop court ni trop long, question de savoir-faire. Et puis de prison en prison, arrivera bien le moment où il retrouvera Flink, si ça se trouve. Va savoir. Et ce sera toujours ça.

## 17

Tu vois, Meert, finalement, je me demande, le plan B je ne sais pas, j'aurais bien une idée mais bon tu vas pester. En même temps t'as pas le choix, tes vêtements sont trempés, impossible de sortir le ventre à l'air et le reste on voit tout à travers. Et puis bon, pour le cas où ça t'aurait échappé, enfin tu vois, mes fringues, je te vois mal rentrer dedans, je me dis finalement celles de Mam', assez larges, je sais tu vas pester mais en fait ça tombe bien, vu qu'Hélène est *out*, tu pourrais faire la fille. Et pendant que tu t'habilles, comme on n'a plus de scooter, moi je m'occupe de la Fiat.

Au point où on en est, il est presque deux heures, inutile de râler, Meert ferme sa gueule.

Quant à nous, oublions le passe-montagne, les lunettes de cycliste, on garde le maillot à motifs outremer, le survêt vieil orange, l'ensemble bien mouillé avec une Nike foutue, ça fera pleurer Solange, et ce soir nous prendrons les souliers de papa – cuir noir et bouts métal –, ça va manquer d'aisance, mais on sera dans le ton. Après tout. Sur les marches.

Accoutré de la sorte, direction centre-ville sous une pluie qui ne cesse pas, cap au sud, les allées, les ruelles, les avenues, les boulevards, nous suivons le courant, pataugeons une bonne heure du Camping de la Mouette à l'avenue des Broussailles où s'ouvre l'hôpital. C'est un long bâtiment de pierre blanche inspiré des palaces Belle Époque qui s'étale sur une butte d'où la mer apparaît. Là, ajoutant d'autres bruits à celui de la pluie, pelleteuses et engins de chantier englués dans la boue s'évertuent à creuser le grand trou entamé dans le jardin qui en jouxte le seuil. À première vue, l'entrée, avec ses quelques marches flanquées de fleurs en pots, ses palmiers, son parterre de verdure, tient plus du casino que de l'établissement de santé.

Une fois dans le grand hall, n'était la tenue déplorable de Flink, la flaque d'eau grandissante à ses pieds n'attire pas le regard – il y a déjà deux femmes en bottes assises contre les vitres, nous ne sommes pas à ça près.

Vous savez, mon amie, ce qu'il y avait autrefois à la place de ce trou ? eh bien une roseraie, une roseraie magnifique, sur au moins deux hectares, vous n'imaginez pas. Y a pas ça dans le Nord, des roseraies, le climat il faut dire. Remarquez, avec tous ces parkings, grandes surfaces, béton et tout le bazar, le Sud ce sera bientôt pareil. Si ça se trouve, des bouquets comme ceux-là, dans dix ans c'est fini. Regardez ! qui je vois ?

C'est l'affaire d'un quart d'heure.

On s'attarde sur Hélène – une plaie longue comme ça paraît-il / on attend les docteurs / pourvu qu'ils y arrivent à lui sauver sa jambe / la petite est sur la table.

On s'apitoie pas mal sur la Nike de Flink – ah mais Flink / ta basket / bonne à jeter.

Puis sa tenue trempée – oh mon Dieu ! le maillot ! dit Solange, mon amie, il faut faire quelque chose !

Mais enfin pas un mot sur le plan de la soirée.

Justement, sans voiture sous la pluie, je me disais, si on avait la Fiat, rien qu'une heure, enfin deux vous voyez, gémit Flink juste ce qu'il faut pour faire vrai.

Après tout pourquoi pas, il pourrait nous reprendre en même temps qu'il viendrait pour Hélène quand elle sera réveillée, qu'en dites-vous, mon amie ?

Pourquoi pas / vu la pluie.

# 18

Quand Hélène se réveille, Kidman est toujours en peignoir : on la coiffe, on lui montre une robe, elle fait non de la tête – le collier de Van Cleef c'est très bien, mais la robe elle dit non –, quand même, merde, murmure une habilleuse (la trentaine, plutôt chic mais revêche), quand même, une Chanel inédite, elle fait chier, la pétasse, ajoute-t-elle en français, je t'en foutrais une merveille à ce prix en cadeau, et tout ça pour monter l'escalier, y a des claques qui se perdent.

Clooney pose dans sa chambre pour un type qui s'en fout que Clooney pose pour lui du moment qu'il parvient à fourguer sa photo un bon prix – vu que Clint à la gare est tout flou et que sur chaque cliché on ne voit précisément qu'un grand type avec une tête bien ronde, une joue abîmée, un nez large et des lèvres charnues, grand rouquin aux oreilles cramoisies, d'allure con et gentil à la fois, mais hélas parfaitement inconnu.

Quand Hélène se réveille, Quentin est sur la plage, Foster on ne sait pas (probablement dans l'eau), quant à Clint justement, il est un peu partout, sur la deux, sur la six, souriant comme un cow-boy – regardez ma Solange c'est mon Clint dans le poste / ah dites-moi quel monsieur / encore un qu'est plus beau depuis qu'il a pris de la bouteille / trouvez pas ma Solange ?

Quand Hélène se réveille c'est bien Mam' et Solange qui sont au pied du lit, juste sous la télé. Sa jambe droite est en l'air, tenue dans une gouttière et, comme genou et cheville traversés par des tiges sont tractés par des cordes, des poulies et des poids, elle ne voit de Solange et de Mam' que les fleurs qu'elles lui ont apportées, deux énormes bouquets qui caressent ses orteils. Ça n'est pas que Solange l'incommode mais les pleurs de Solange on sait ce que ça veut dire.

Tout le monde sait. Solange : toujours là où il y a du malheur. Elle le suit le malheur, elle aime ça. Il faut dire qu'en matière de malheurs Mam' est plutôt généreuse, elle partage facilement. Quand Mam' est dans la peine elle y conduit Solange : aux obsèques de Victoire, aux huit procès de Flink, à l'enterrement du père, toujours il y a Solange qui tripote sans arrêt son chapelet et pleurniche de bon cœur. À la voir elle fait sèche, un peu raide, boutonnée – toujours l'air de sortir de la messe –, mais qu'un malheur s'abatte et tout de suite c'est un flot. Solange pleure pour les hommes, Solange pleure pour la terre, Solange pleure pour elle-même, mais ce qu'elle préfère de loin, c'est pleurer pour sa Guitte – ah ça oui, on peut dire que pour Guitte elle ne tarit jamais. C'est pour ça qu'elles s'aiment bien. Entre nous c'est assez agaçant les geignards mais on n'en voudra pas à Mam' d'emporter avec elle la réserve de larmes que ses yeux n'avaient plus. Les mauvaises langues diront qu'elle ne voyait en elle qu'un moyen de transport, c'est bien méconnaître l'inconfort d'être assise dans une Fiat 500 quand on souffre d'embonpoint, mais passons. Enfin là, Solange pleure pour Hélène, ça paraît évident.

Ce sont donc les sanglots de Solange qui la sortent du coma et les bouquets de roses parsemés de ses larmes qu'Hélène entraperçoit sitôt qu'elle ouvre un œil et ce n'est pas ça qui pourrait rassurer la malade. En une minute à peine une centaine d'idées noires assombrissent son réveil. Si ça se trouve on lui a raconté à la mère, et la mère à Solange : le scooter, l'accident, la police, le boucher qu'est allé fourrager dans son ventre par deux fois, si ça se trouve elles savent tout et c'est pour ça qu'elle pleure. Et puis la colle qui poisse entre ses cuisses, si ça se trouve on voit que ça. Et comme Mam' a cru bon d'ajouter aux sanglots de Solange te fais pas de mauvais sang mon enfant on est là / on est venues tout exprès sous la pluie / oh grand Dieu ma pauvre blouse / tu vois on est en bottes / on est venues quand même / la preuve on a des fleurs, c'est très vite au tour de la petite de pleurer elle aussi car dans son désespoir, soudain les funérailles de son petit Jésus la remplissent de chagrin, c'est certain il est mort, il est allongé là en habit de torero dans une boîte tapissée de soie blanche à côté de son lit, un trou dans la poitrine, un trou rouge grand comme ça, pas de doute il est mort pour de bon et c'est pour ça les fleurs – s'il vous plaît éteignez la télé.

Rien à faire, inutile de masser ses poignets et ses doigts jusqu'aux os un quart d'heure, Hélène pleure et renifle et sanglote de plus belle ânonnant s'il vous plaît éteignez la télé. Pas la peine d'insister. À ce point de tristesse c'est quelqu'un du métier qu'il faudrait – consoler c'est comme tout, ça s'apprend.

# 19

Impossible de se voir en entier. Je sais c'est trop petit et la glace aux toilettes c'est pas vraiment pratique, c'est ce que je dis à Mam' avec un peu de pognon tu aurais du recul, tu pourrais te faire belle devant un grand miroir, note bien je dis pas ça pour toi mais c'est vrai que comme ça, ça va pas. Je ne sais pas ce qui ne va pas mais y a un truc qui cloche, ah si ! c'est les chaussures, il faut des talons hauts. Parce qu'une robe en basket, vaut mieux pas, ça fait tache. Et la robe, en fin de compte, elle fait pas très soirée, je te vois mal sur les marches avec ça, il en faut une plus gaie, une robe avec des fleurs. Écoute, Meert, je te propose, on reprend à zéro, faut tout reprendre à zéro. On oublie le plan B, le plan C, tout le bazar, tu m'attends tu bouges pas. Ta pointure ! 44 ? c'est bien ça ?

Quand la Fiat disparut sous le regard de Meert, qu'il se retrouva planté là, déguisé en grosse dame sur le seuil de la porte, abrité par l'auvent de toile rouge éclairé de l'ampoule engluée de mouches mortes, qu'il se souvint du jour où Flink lui avait dit attends-moi une seconde, avant de voir la rue balayée de faisceaux lumineux bleus et blancs puis d'entendre des sirènes de police, un instant il faillit s'éclipser. Mais bon, pour aller où.

Rappelle-toi, à Lestrem.

## 20

Défilé haute couture, en somme : c'est un ballet de grooms qui apportent des boîtes, les empilent dans la chambre, en croisent d'autres qui repartent les mains vides, se bousculent à la porte et reviennent surchargés.

Conclusion, on ne va pas s'énerver, on ramasse la Chanel, on remballe Saint Laurent, elle en veut pas non plus, la robe Christian Lacroix, ça lui fait un peu court, la Gaultier moi je disais pourquoi pas, la couleur ça lui va mais le buste il paraît qu'on dirait deux tourelles, Alaïa bon d'accord c'est vraiment trop chargé, Galliano immettable, paraît-il, alors que bon, quand même… écoute, on ne va pas s'énerver, au moins on est d'accord sur le collier Van Cleef, c'est déjà ça de gagné, en tout cas j'en ai marre, je te laisse avec elle, moi je rentre à Paris, dit l'habilleuse à Claude.

Claude, responsable apparat depuis onze ans à Cannes, cheveux bruns, mains gantées coton beige, tempérament placide, portant la soixantaine sans réelle amertume mais tâchant de la noyer dans un flot d'artifices, de postures et mimiques assez déconcertants (homme ou femme, impossible de trancher mais la finesse de l'une et la poigne de l'autre), enlace l'épaule de Jeanne en la raccompagnant : ne t'inquiète pas, chérie, et rentre tranquillement, je fais comme d'habitude, crois-moi j'en ai vu d'autres.

La chambre 309 est meublée Directoire or et bleu – vieil or et bleu profond. Satins bleus, tentures bleues, voilages bleus qui encadrent le lit, tapis bleus soulignés de safran, bois doré du miroir, il n'y a rien qui dénote si ce n'est un bouquet de tulipes jaune citron. La baignoire grande époque est immense dans l'alcôve rouge framboise d'une salle où le sol et les murs sont de marbre foncé, les robinets de cuivre et les épaisses serviettes, peignoirs et draps de bain d'un blanc immaculé, brodés main d'un grand *M* bleu de Prusse. La chambre 309 disposait jusqu'alors d'une vue imprenable sur la baie, d'un balcon d'où l'on pouvait sans mal observer les baigneurs, les jeunes femmes allongées ce matin sur le sable ou celles qui, les jambes nues, torse droit, profitant des regards, marchaient sur le rivage en ciselant leur pas, mais pour peu que la pièce soit encombrée de boîtes empilées en gratte-ciel, on ne profite hélas ni de la vue sur la baie ni de celle sur la plage. Quant aux nuances de bleu, aux fauteuils Directoire et à la frise dorée, on n'en voit plus grand-chose. Le lit à baldaquin est jonché de colis, on se faufile à peine entre des piles instables, des monceaux d'emballages de chaussures et de robes dont certains ont atteint le plafond. Et comme il pleut dehors, que le ciel a opté pour un gris anthracite, sa lumière paresseuse incapable d'infiltrer la chambre tout entière, on allume les deux lustres dominant tant bien que mal les tours improvisées.

Il est dans les seize heures, le ballet de livreurs épuisé, Claude reconduit son équipe à la porte, puis, en y mettant les formes mais toutefois sans retenue, il abandonne Nicole debout en peignoir blanc au milieu d'une ville en carton éclairée de deux astres – nous sommes là, mademoiselle, prenez tout votre temps, choisissez tranquillement, si vous avez besoin, nous sommes tout à côté.

On attend dans le couloir en bavardant un peu – procédé éprouvé, dira Claude à sa troupe, vous laissez mariner, elle va bien se décider. On se raconte des souvenirs, le temps de Kim Novak que personne n'a connue, on évoque Grace Kelly, Liz Taylor – à l'époque il paraît que c'était pire, à ce qu'on dit c'était pire. D'abord on parle bas, ensuite on ne s'entend plus : au travers de la porte entrouverte c'est un copieux chahut entrecoupé de pauses, papier soie qu'elle déchire, couvercles qu'elle écrase, entrechoquement de boîtes, valses de chaussures peut-être, allez savoir, ça s'affaire sacrément en tout cas, et ça dure. Jusqu'au moment où, le silence semble-t-il retombé dans la chambre, Claude se hasarde à frapper discrètement et attend à la porte – coiffeur et maquilleuse, chausseur et couturière embusqués dans le couloir. On patiente un instant, on guette un mot ou deux qu'enfin Nicole prononce dans un français précaire mais l'accent plein de charme : s'il te plaît tu viendras je pense c'est très joli.

Le peignoir à ses pieds, Nicole pose en diva au milieu des décombres, petit sourire aux lèvres. Elle a fait de New York une maquette en ruine : les buildings de cartons écroulés, pour certains éventrés, au sol quelques flaques de soie noire, des corsages étalés, des robes sur les tapis, couvercles éparpillés, escarpins et bottines dispersés. Ce qui était tout à l'heure vertical gît maintenant sur le sol, le balcon, les fauteuils et le lit, sous le vent et la bruine que la fenêtre ouverte laisse de bon cœur s'engouffrer dans la chambre.

Laissons ce qui est dehors, on n'est pas à ça près, refermons promptement, il ferait presque frais – c'est parfait, mademoiselle, mon Dieu quel choix exquis, tout à fait ravissant, pendant qu'on y est d'ailleurs, tenez, une pochette Dior, même couleur que la robe –, et l'affaire est pliée – c'est tout bien, mes chéris, on remballe, terminé, on ne laisse que les chaussures.

Ah oui ! le parapluie !

## 21

Déguisé en grosse dame sur le seuil de la porte, éclairé par l'ampoule engluée de mouches mortes, il y a Meert, quatre-vingt-seize kilos, visage rond et nez large, cheveux roux, avec une cicatrice de brûlure sur la joue, d'allure con et gentil à la fois, qui attend sous la pluie, il s'est passé trois heures. Comme il ne pense à rien, que la couleur du ciel a dissous celle des pins, a noyé le chemin et la terre dans la suie, comme la pluie a rongé ce qui restait du ciel, a vaincu la lumière, estompé les contours, ceux des feuilles, des troncs d'arbres et des souches, a laminé le sol, comme au-delà du chemin qui menait tout à l'heure à la ville il n'y a plus que le nord ou le sud, et qu'au nord il n'y a rien que des tombes et sur ces tombes des roses qu'on dépose en souvenir de fillettes retrouvées étranglées sur le bord de canaux, comme au sud il y a des cellules et des juges quoi qu'on fasse, des types qui te font ton affaire, qui t'empêchent de dormir, des viaducs et des trains qui ne mènent qu'à Moussey, à Moussey où personne ne veut de toi, à Évian où tout le monde t'en veut, comme ici il n'y a rien que deux pneus et deux roses à l'entrée, de la boue, que partout c'est toujours cette faim, sans espoir, qui te ronge, Meert, dis-nous ce que tu fous sous la pluie dans ta robe à motifs, tout à fait entre nous, au fond tu attends quoi, qu'on t'apporte des chaussures à talons 44 ? t'es vraiment un couillon.

# 22

Au retour de la ville, des paquets plein le coffre de la Fiat, essuie-glaces vitesse 2, Flink s'est engagé dans le chemin du Camping de la Mouette. Sous les pins encore tièdes, patinant dans la boue en mordant le talus, il finit par rejoindre l'Airstream. Quand la pluie s'affaiblit puis cessa, un silence anormal enveloppa la pinède. Une moiteur saturait le décor d'une bruine étouffante. À travers le pare-brise, ce que Flink aperçut sous la lumière jaunâtre de la petite ampoule lui parut irréel. À la porte de l'Airstream, sous la toile de l'auvent en lambeaux, là, tout juste sous l'ampoule, il y avait une masse. Comme un gros animal (sanglier par exemple) qu'on aurait abattu fraîchement puis montré en trophée. Oui, fraîchement pendu là car il se balançait, lentement sous la lampe, une lune de lumière orangée sur son crâne, les oreilles toutes gonflées et rouge sang. On ne voyait ni ses yeux ni sa bouche, seulement trois trous dans l'ombre. Flink descendit de la Fiat mais resta à distance de la scène. La lumière éclairait faiblement les épaules et le ventre de

Meert. Excepté les baskets qu'il avait conservées, pour se pendre en beauté il s'était dénudé, la robe de nylon sombre qu'il portait tout à l'heure étendue à ses pieds. Sur les marches, la voiture à pédales de l'aîné. Adossé à la Fiat, Flink resta un moment figé là. Et d'un coup il se mit à donner des coups de pied dans la tôle en chialant à moitié, défonçant la portière, comme il faut. Cette fois c'est l'autre Nike qui s'ouvrit comme une fleur. Alors il se mit à chialer pour de bon, assis contre la Fiat, son caleçon dans la boue.

# 23

Allée de l'Espérance, une voiture de police, vieille Peugeot bleu fané, ralentit en passant devant l'ancienne entrée du Camping de la Mouette. Au volant c'est Antoine, lieutenant sixième échelon, dix-huit ans de brigade, d'une maigreur légendaire et si grand qu'il se voûte pour conduire. À cause de sa grande taille, d'habitude il travaille en fourgon mais ce soir les fourgons sont au sud, tout autour du Palais. Sur la baie. Pour les stars. Et le sud ce n'est pas son secteur. À sa droite c'est Cécile, jeune stagiaire, dix-huit mois de formation, sur elle rien à dire. Comme il vient d'entendre des bruits sourds venant de la pinède, Antoine a levé le pied. La voiture roule au pas et s'arrête à l'entrée – pas question de s'embourber –, on attend et on coupe le moteur. On écoute. On dirait que quelqu'un frappe une tôle. Et puis d'un coup plus rien.

Histoire de vérifier, finalement c'est Cécile qui propose d'aller jeter un œil – après tout, la pluie vient de cesser. Arrivée sur les lieux, il lui semble qu'un type est en train de décrocher une grosse masse pendue sous une petite lumière devant une caravane. Quelque chose comme un gros animal – sanglier par exemple – qu'on aurait abattu récemment. Cécile ne connaît rien à la chasse au gibier mais quand même, elle se dit, au printemps, dans les pins… Elle s'approche un peu plus.

N'ayant pas survécu à l'entaille, relater la dernière impression de Cécile relèverait de l'hypothèse. Question plaies, on aurait beau en connaître un rayon qu'en voyant le cadavre de Cécile on partirait sans peine en conjectures. Autant donc ne pas trop disserter. Tout juste supposera-t-on une horrible douleur à la tête, horrible mais fugace, car très vite un malaise c'est certain. Après, on ne sait pas. Restons-en au visible : la moitié du visage de Cécile est ouvert, tout juste sous son œil.

Et ça saigne sacrément à ce niveau, faut voir ça comme ça saigne. Inutile d'insister, dans peu de temps c'est fini pour Cécile. Alors Flink pose sa pelle pleine de sang et de terre et se met à hurler putain merde qu'est-ce t'es venue foutre ici, connasse, fallait pas t'approcher. Avant de se reprendre : réfléchis une minute.

On attend un instant et puis – vous voyez ça d'ici –, comme Cécile ne revient pas, c'est au tour d'Antoine d'aller s'aventurer. Et se faire à son tour éclater le visage à coups de pelle, c'était couru d'avance.

Et maintenant il faut faire le ménage. Pas dedans. On

a beau être samedi, il a beau se remettre à pleuvoir, c'est dehors que ça urge. Comme la terre est mouillée et bien meuble, ça se creuse assez bien, c'est vite fait. On s'y met un bon coup et l'affaire est réglée : dix-huit heures, sous deux pneus et deux roses, à un mètre sous terre désormais ci-gisent Meert, deux agents et une paire d'escarpins 44. À côté de papa – on l'aura deviné.

Ensuite, les meilleurs spécialistes vous le diront, après un enterrement (qu'on s'entende, précisons : mise en terre faite soi-même), il y a toujours un moment de flottement qui précède le retour au concret. Ajoutez un suicide, aussitôt on s'en veut, on rejoue les séquences à l'envers, à l'endroit, on essaye, ça ne sert pas à grand-chose mais il faut y revenir, c'est forcé. Car ça vous laisse bien seul une histoire comme celle-ci, seul et tout désespéré. Y a de quoi ressasser, croyez-moi. Assis sur le perron, son maillot à motifs outre-mer ruisselant et le visage en sueur, Flink bute au moins cinquante fois sur la scène du suicide. C'est vrai, la pendaison ça n'est guère exaltant : le câble électrique du séchoir à cheveux, la voiture à pédales qui sert de marchepied, qu'il faut pousser d'un coup, l'asphyxie... ça dure cette affaire-là. Et ce truc incroyable de s'être foutu à poil, putain, Meert, t'en es un, y a pas de doute, un couillon. Et en plus tu nous fous dans la merde, une sacrée.

Va falloir réagir.

Tout d'abord nettoyer l'intérieur, faire plaisir à maman et ensuite se changer, se faire beau, enfiler les souliers de papa, les cuirs noirs bout métal, son costume de gardien, ça fera bien sur les marches, enfin la chemise blanche, la chemise à jabot, c'est celle-là qu'il avait paraît-il au mariage avec Mam', c'est très chic, presque trop.

C'est vrai qu'il est petit le miroir aux toilettes. Mais on le sent quand on est bien sapé, pas besoin de recul. C'est d'instinct l'élégance. Un peu plus on ferait bien le torero, mais c'est le temps qui manque, dans une heure y a les stars sur les marches.

## 24

S'il vous plaît, éteignez la télé. Je sens bien qu'il est mort, mon Jésus, sinon c'est quoi ces fleurs, c'est pour quoi ces bouquets ?

Ces belles fleurs c'est seulement pour faire beau dans ta chambre / rappelle-toi Pamela / saison huit / le jour de sa fausse couche elle a eu un bouquet / eh bien là c'est pareil / un souci un cadeau / et Flink il est pas mort / hein Solange / dites-lui / vous / dites-lui qu'on l'a vu tout à l'heure.

Non seulement, ma chérie, Flink il est pas mort, mais en plus on va le voir dans le poste. C'est pour ça qu'il viendra que ce soir… si ma Guitte m'a bien tout raconté… je me trompe pas, mon amie ?

Tout à fait / tu sais bien mon enfant / allez on se détend / et bientôt vous irez en vacances / l'Italie il a dit / tu te rends compte / l'Italie / Monica Bellucci / les pizzas. Et le pape ! dit Solange.

Pour l'instant c'est Quentin qui grimpe le tapis rouge, beau costume, sacrée gueule à l'écran, entouré d'un tas de flashs et de cris.

Il doit être italien lui aussi/Tartino c'est un nom italien/hein Solange?

Ensuite il y en a des connus, déjà vus dans le poste, comme Clooney – ah mon Dieu regardez ma Solange/ quel monsieur lui aussi.

Et puis des moins connus, en tout cas de Solange et de Guitte, parce qu'Hélène, forcément, Bruce Willis et Brad Pitt, Jude Law, DiCaprio, elle sait qui c'est, elle en est bouleversée de les savoir pas loin, elle retient des sanglots. C'est bizarre, en smoking ils paraissent moins costauds, on dirait des vrais gens. Si ça se trouve, vus de près... enfin bon... et d'ailleurs si ça se trouve, par exemple DiCaprio, Brad Pitt m'auraient trouvée mignonne, c'est possible, sauf que maintenant bien sûr, avec une patte en rade, fini le tapis rouge, suis vraiment bonne à rien.

Faut reconnaître, mon amie, avec le temps qu'il fait et tous ces parapluies, en prime les talons hauts, moi je les plains, pas facile de grimper l'escalier sans se casser la figure, la preuve... sans compter les photographes qui bousculent sacrément! Et ça dure bien deux heures la montée du tapis, faut voir ça, mon amie. Même qu'une fois je l'ai vue pour de vrai, du temps de Brigitte Bardot, ça remonte loin, y avait pas tant de monde, c'était plus familial, pas de télé comme maintenant, on était plus tranquille. M'enfin bon la télé ça a aussi ses bonnes choses, la preuve, si on voit Flink.

# 25

Flink remonte les quelques marches sous la lumière orange de l'auvent de l'Airstream en costume de gardien, chaussures noires bouts pointus, le jabot blanc saillant comme de la crème fouettée qui mousserait de son col (s'il pouvait, il ferait bien une photo). Il attend que la pluie donne des signes de répit et se frotte les épaules quand deux phares apparaissent à l'entrée de l'allée. Et comme, juste au-dessus, un rayon bleu balaye tel le canon d'un char le chemin, la pinède et soudain le perron de l'Airstream, d'un coup Flink ébloui par ce bleu se fout bien de la pluie, se fout bien de la Fiat (embourbée de toute façon), se fout bien de la pelle encroûtée de terre fraîche et de sang, se fout bien que le cuir des chaussures de papa ne s'en remette jamais – on n'est plus à ça près –, il se fout du décor et du reste, il se met à courir.

Et si, convenons-en, ça n'est qu'au cinéma qu'on voit des choses pareilles, si ça commence, c'est vrai, à faire beaucoup tout ça, tant pis, c'est arrivé. Flink court dégingandé dans la boue de l'allée, croise le fourgon de police qui s'arrête brutalement et recule pour le suivre – avantage au coureur qui s'embourbe un peu moins –, s'enfourne dans la Peugeot que Cécile et Antoine ont laissée gentiment à l'entrée du camping et démarre ventre à terre sous les trombes tandis qu'au Martinez, dans la chambre 309, Kidman hésite encore, qui est face au miroir, le regard sur ses pieds, se déchausse, enfile une autre paire, et fait valser ainsi les chaussures une à une.

Que le fourgon ait eu quelques difficultés à remonter le chemin sous une pluie torrentielle dans la fange, frôlant même l'enlisement, on s'en serait douté. Hélas, au risque de surprendre et décevoir un peu, dans une gerbe de gadoue transformant ce camion bleu azur en engin agricole marron sale, les pneus arrière patinent, sifflent et dérapent sans arrêt mais parviennent en fin de compte à rejoindre le bitume. Et là, simple question d'adhérence entre gomme et goudron (tous les deux aux limites de leurs propriétés physiques), les roues motrices hésitant entre deux solutions : s'accrocher à l'asphalte ou céder au sur-place, et tandis qu'à l'avant rien ne s'arrange (le fourgon s'enfonçant de plus en plus dans une ornière de vase), hélas donc, la thermodynamique décidant de s'y mettre, mariant pour le malheur de Flink le frottement au thermique, épuisé mais bouillant, Michelin reprend le dessus et ramène le fourgon sur la route sous les applaudissements des trois flics en tournée ce soir-là dans l'engin – comment le caoutchouc peut parfois vous changer un destin.

Comme c'est grisant soudain d'avoir surmonté ça, le plus jeune au volant (Guillaume, tout frais dans la police, trois mois dans cette brigade) se sent pousser des ailes, manœuvre à toute vitesse et fonce, sirène au maximum, dans les rues de la ville. Au hasard vers le sud sous la pluie diluvienne qui est là pour donner du piquant à la scène : voilà qui est bien joué, la bagnole des collègues est en vue, elle descend vers la mer, on le tient ce salaud.

## 26

Il n'a rien d'un sous-sol, celui du Martinez. Embarquer les étoiles, pensionnaires quels qu'ils soient désirant s'échapper en cachette, à l'abri des voyeurs de toutes sortes, recevoir bijoutiers, habilleuses et coiffeurs, valises et malles de cuir, colis confidentiels, monter en limousine sans salir ses chaussures (dans les cas improbables où il pleuvrait dehors), c'est un peu compliqué. Il y a donc un sous-sol, moquetté rouge garance, labyrinthe souterrain de galeries bitumées éclairées jour et nuit où grouillent une ruche de coursiers, serveurs en noir et blanc, voituriers en habit, grooms à casquette rouge jaquette rouge liserée d'or, une armée de livreurs en bleu de chauffe, pour la plupart bipèdes – à moins qu'ils ne glissent en douceur en tricycles électriques, disparaissent dans le dédale de couloirs en laissant derrière eux le tintement de leur clochette –, quelques-uns à vélo. Et il y en a un, en petite camionnette jaune et verte, qui livre justement quatre cents parapluies, des Cherbourg Véritable, gamme classique *Milady* pour les femmes, *Le Milord* pour les hommes, onze couleurs il y a le choix (le modèle *Titanic* était bien mais un peu catastrophe dans l'esprit). Il tombe bien le livreur de pépins. Allez vite, mon garçon, mademoiselle s'impatiente, manquait le parapluie. On opte pour le gris, ça se marie avec tout. On remonte en vitesse – parfait, vous voilà prête! ah les chaussures! splendides!

Et nous voilà partie, direction le sous-sol. On emprunte l'ascenseur (encadrée du chauffeur et d'un garde du corps), bottines ajourées noires parfaitement excitantes (impossible de courir mais pour les marches ça va, si on fait attention), robe fourreau Givenchy dans les beiges, une veste vu le temps, une Lacroix vaporeuse mais une veste quand même. On se baisse un petit peu, on s'enfourne dans l'odeur de cuir neuf à l'arrière de l'auto, coupé noir Mercedes, et en voitures, Nicole, mille quatre cent cinquante mètres nous séparent du Palais, c'est tout droit, par la Croisette bien sûr, on y est en cinq minutes – mettons huit, comme ça glisse par ce temps. On émerge du sous-sol, recraché comme d'une gueule : le ciel est gris foncé, à votre gauche la mer, grise aussi, agitée par un vent force sept, les palmiers font le dos rond, ils ont l'air de chercher du secours, leurs longues feuilles sont tendues comme des bras implorant les immeubles et leurs troncs recourbés au-dessus du boulevard. On ne voit pas grand-chose, le pare-brise est ruisselant, essuie-glaces inutiles même à fond, le toit de la voiture pétarade sous le grain. Et maintenant c'est l'orage qui attaque mais malgré ses efforts ne fait strictement rien pour éclairer la voie. Cap vers l'ouest, le chauffeur de Kidman colle son nez au volant pour y voir un peu mieux mais c'est pire. Elle, plaque sa joue sur la vitre – dehors c'est la tempête. Tout juste aperçoit-on que le feu est au vert. Pour le reste, les boutiques, les hôtels, les brasseries, les cafés ne font plus qu'un long rang de blocs blancs vaporeux, mer et ciel un déluge, le boulevard une artère qui scintille comme un fleuve, on y roule désormais en chassant de grandes gerbes. C'est assez rigolo mais on s'inquiète quand même, pour ses chaussures surtout (quand on sera arrivée).

On s'inquiète d'autant plus qu'on perçoit loin derrière une sirène, le seul son qui parvienne à crever le bruit de fond de la pluie, une sirène qui s'approche assez vite quand soudain sur la droite, débouchant à hauteur du Carlton qu'on distingue plus ou moins, une bagnole de police freine *in extremis* dans un long dérapage, un ou deux tête-à-queue, patine à toute vitesse et enfonce comme il faut la portière de Nicole qui voit juste un capot s'envoler puis un type émerger de l'épave, légèrement vacillant, pas du tout policier.

Dans l'instant suspendu où s'ajoute à la pluie un geyser de vapeur qui jaillit du moteur, Flink, chaussures à bout pointu dans l'eau, jabot dégoulinant, chancelle quelques secondes face à la Mercedes, distingue un gros balèze qui extrait de l'auto une femme en tenue chic, la couvre de sa veste et se met à courir avec elle vers la plage.

Nous quitterons là Nicole et son gorille, on verra ça plus tard... demain dans les journaux, toute façon on s'en fout.

Pas le temps de réfléchir, va falloir se reprendre, le fourgon de Guillaume s'approche à fond la caisse. Flink dégage en un clin d'œil le chauffeur de l'auto en le tirant par le col, fait rugir le moteur, referme la portière et écrase tant qu'il peut la pédale du pied droit.

C'est assez déroutant les boîtes automatiques, mais pour peu qu'un fourgon de police – pleins feux, sirène hurlante, gyrophare agressif – vous cherche visiblement de sérieux embêtements et grossit dans le rétro, on s'y fait assez vite. Donc Flink démarre en trombe, il est pied au plancher.

À cette heure et en plein festival, c'est plutôt dégagé, la Croisette. Il y a bien quelques types en ciré qui régulent le ballet des voitures, des barrières rouge et blanc, sens interdits partout, des gendarmes tout le long du boulevard, mais quand on est pressé, par gros temps cet ensemble s'apparente à des pièces Playmobil qu'on éjecte une à une, petites touches de couleur qui valsent de part et d'autre du nez de la voiture avec de grands jets d'eau, sans la moindre embardée. Le coupé Mercedes fonce droit comme un obus : tout à fait exaltante la voiture de cette fille, trajectoire impeccable. Et puis à cette vitesse y a longtemps que le fourgon est largué, dans le rétro ça n'est plus qu'une infime lumière bleue qui oscille, et la sirène est loin.

Ah, Mam', si tu voyais ! Là-devant, là tout près, c'est une fête incroyable. Sous la pluie des dizaines de sunlights – c'est très beau, ça pétille sous les gouttes –, une musique à tue-tête mais très douce, un peu triste mais très douce, et ces grands parapluies qui ondulent par centaines comme une vague de couleurs. Aux abords du Palais, pas la peine de foncer, au contraire, dans une bagnole pareille, macaron Festival, l'accueil sera grandiose.

D'ailleurs on dirait bien que je suis attendu, les parapluies s'écartent et me font un passage. Je verrouille les portières, je m'engouffre lentement dans la foule, moteur au ralenti, on essaye de me voir à travers le pare-brise, mais bien sûr on ne voit rien, j'avance encore un peu, je roule sur l'esplanade, j'aperçois l'escalier avec son tapis rouge, tu vois, Mam', c'est gagné !

La foule fait comme deux vagues qui s'ouvrent devant Flink, et lui, il roule au pas quand au loin apparaît le fourgon de police avec son rayon bleu, escorté de sa sirène. Du ciel, on verrait le millier de parapluies pivotant vers la mer, les yeux sur le fourgon qui roule sur la Croisette, se rapproche du Palais, ralentit, puis s'arrête, la sirène en sourdine, le gyrophare bleu vif.

À présent le coupé Mercedes est aussi arrêté, personne ne comprend rien. Sur les marches : photographes, officiels, s'attendent à ce que Kidman émerge de la voiture mais personne ne descend. On crie Nicole, Nicole, mais en fait c'est Guillaume qui descend du fourgon resté sur le boulevard. Avec ses deux collègues ils foncent sur l'esplanade, cernent la Mercedes une arme pointée sur Flink et le somment de sortir, bras levés, gentiment. Putain, Mam', c'est trop con, vraiment con, on était à deux doigts… et merde… les circonstances…

On ne va pas s'énerver, mais foutu pour foutu autant monter les marches.

Comme Flink reste au volant, les portières verrouillées, les trois flics entreprennent de taper sur les vitres en gueulant que maintenant ça suffit les conneries.

Pluie battante, un éclair, deux-trois flashs, le coupé Mercedes recule de quelques mètres. Il fait face à l'entrée du Palais. Les parapluies s'écartent, la foule attend, s'agite, mais reste silencieuse comme au début d'un film juste avant que le titre n'apparaisse en musique. Flink se cramponne au volant, fait jouer ses doigts dessus et démarre comme un fou.

Grand jet d'eau à l'arrière, le moteur emballé, forcément on se dit : droit devant, la voiture va grimper l'escalier, pulvériser les vitres, pénétrer dans le hall, défoncer une entrée, rouler entre les sièges et finir dans l'écran. On verrait sur la scène du Palais une auto cabossée et fumante qui achèverait sa course dans un long ralenti, engloutie par la nuit des coulisses, entraînant avec elle des lambeaux de toile blanche.

Et puis on entendrait Fellini dire : « COUPEZ ! »

Hélas, il n'est pas là.

Donc : la pluie battante, les éclairs, les flashs et même l'immense jet d'eau à l'arrière du coupé (juste au moment où Flink cramponné au volant démarre comme un cinglé), il n'y a rien d'inventé. Après c'est moins glorieux.

Sans détailler les causes du tragique patinage, relatons simplement que l'auto, arrivée à mi-chemin sur les marches – les roues pourtant bouillantes tournant à plein régime mais en mal d'adhérence sur le tapis trempé –, dériva lentement vers la gauche comme un crabe sous l'effet du ressac, emporta avec elle des vagues de moquette rouge et alla s'encastrer dans le pylône le plus proche qui céda ce qu'il avait : un sunlight douze mille watts flambant neuf. Onze mètres séparent l'ampoule sodium de la voiture de Flink. C'est tout droit. En chute libre elle y est en une seconde. Une seconde majestueuse : la lumière tombe lentement, on dirait une comète, une étoile, comme un fragment de lune qui aurait traversé l'atmosphère, les nuages et la pluie pour finir son voyage sur le toit de l'auto. Court-circuit trois cents volts, étincelles, éclats incandescents sur la tôle en fusion, qui fond, et allez savoir qui, des sièges, du tableau de bord, du volant en noyer, du pantalon de Flink, s'embrasa le premier… En tout cas : incendie. Très vite des flammes comme ça. Magistrales, gigantesques. Parapluies en déroute. Sifflets et hurlements. Au feu ! Au feu ! Panique sur l'esplanade, sirènes dans toute la ville, six camions de pompiers, trois autres de police et puis de la fumée, une épaisse fumée noire qui se perd dans le ciel, des volutes aux arômes de pétrole, caoutchouc, éthylènes, acrylates et autres dérivés de l'industrie moderne, de quoi foutre toute la soirée en l'air. On s'en serait bien passé, la pluie ça suffisait.

Une pensée pour Nicole qui a raté la scène.

# 27

Le vingt heures, mademoiselle, lui dira l'infirmière en arrangeant les fleurs, le vingt heures vous savez c'est toujours la même chose, même la montée des marches, c'est toujours la même chose, on attend on attend pour voir des têtes connues mais ça n'avance à rien, ça sert pas à grand-chose tout ce tintouin, vraiment, et en plus sincèrement, fatiguée comme vous êtes, quand vous aurez fini, vous devriez dormir.

Dans la chambre d'Hélène il y a les deux bouquets que Solange a posés à côté du plat de pâtes qu'elle mange sans appétit – coquillettes à peine chaudes qu'un beurre trop abondant fait glisser constamment dans une barquette plastique. Hélène n'a plus envie de rien, plus envie de télé, plus envie de Brad Pitt. Et de Flink, sans scooter, sans remorque et sans elle, inutile d'espérer quoi que ce soit, son plan il tombe à l'eau, pas la peine d'attendre ça, et d'ailleurs si ça se trouve il est mort. Et puis de toute manière, avec les roses sous le nez, l'écran, elle le voit plus. En plus Solange a coupé le son et éteint la lumière – il faut dormir, Hélène.

Solange est aux côtés de Mam' au pied du lit d'Hélène, elles lui tournent le dos et regardent la télé : deux chevelures de vieilles femmes nimbées d'une lueur bleue. Hélène a poussé de l'index la barquette en plastique et somnole à moitié. La lueur dans la chambre tremble un peu, du bleu elle passe au jaune, à l'orange puis au rouge, à l'écran c'est d'abord un plan large sur les marches, un projecteur qui tombe, une voiture qui prend feu, et puis c'est un gros plan sur la silhouette d'un type qui semble se débattre, piégé dans la voiture en flammes, il a une chemise blanche avec un jabot blanc ou quelque chose comme ça, c'est tout ce qu'on peut voir. Comme Solange d'un seul coup se redresse, s'apprête à brancher le son, Mam' la rattrape par le bras, met son doigt sur sa bouche en lui montrant Hélène à présent endormie ; et les yeux grands ouverts sur l'écran se rassoit elle aussi, pétrifiée.

# 28

Ce matin, huit heures trente (ciel chargé, pas un souffle de vent, atmosphère étouffante), comme il est impossible d'emprunter le chemin du Camping de la Mouette encore engorgé d'eau, ils auront renoncé à le prendre en voiture. Et ça n'est pas si mal : une voiture de gendarme qui débarque aussi tôt, on en pense ce qu'on veut mais ça ne rassure jamais, n'est-ce pas, justement je crois que j'ai bien fait de rester en civil. De son vrai nom Meyer, mais surnommé Nespa en raison d'une manie de langage héritée d'on ne sait où, le commandant lui-même est venu patauger dans la boue du chemin, flanqué d'un adjudant sans nom, du moins aux yeux de son supérieur. Sec et froid envers ses subalternes, Meyer est un homme de grande taille dont le flegme affiché face aux pires morts violentes, la prévenance qu'il cultive à l'égard des familles de victimes ne furent pas étrangers à l'ascension rapide qu'il connut à Marseille. C'est un homme peu loquace, au fair-play légendaire, un meneur de brigade respecté, un gendarme de dossier mais aussi de terrain : la preuve, les chaussures de Meyer ont beau se décoller à chaque pas de la fange dans un bruit de ventouse, Meyer ne moufte pas. L'autre, n'en parlons plus; s'il n'y avait que lui il irait volontiers vérifier le caractère légal d'un habitat pareil dans ce lieu insalubre – de surcroît territoire communal, c'est probable –, mais bon, s'il a bien tout compris, pas question d'expulsion ce matin, la mission : informer, protéger, rendre compte.

Sous les pins, excepté quelques trous de lumière éclairant par endroits le métal de l'Airstream et la petite ampoule engluée de mouches mortes au-dessus de la porte, la pénombre et la brume dissimulent le décor : du petit potager, des deux pneus, des deux roses à l'entrée, de la petite voiture à pédales de l'aîné, on ne voit presque rien. Il faudra que les yeux s'habituent pour qu'apparaissent enfin le perron sous l'auvent de toile rouge en lambeaux, les trois marches métalliques, une vieille pelle et la porte entrouverte de l'Airstream. Dans un coin du décor, sous un arbre plus petit que les autres, à la lueur jaunâtre de la lampe intérieure de la Fiat, on pourrait distinguer le visage de Solange, assise là, qui tentait tout à l'heure de fermer sans succès sa portière défoncée quand elle a entendu les gendarmes arriver. On pourrait. Mais ni Meyer ni l'autre n'y prêteront attention.

Comme la porte est ouverte, que personne ne répond, Meyer suivi de l'autre pénètrent dans le lieu.

Encastrée tout au fond de l'Airstream sous la lunette

arrière, est installée la mère sur un divan deux places, un divan fatigué comme un chien du même âge – un de ces chiens dont la peau est trop grande –, un divan où se sera tant vautrée Guitte, à regarder la télé sans bouger ou à peine, un divan sans couleurs véritables, sans motifs, ou peut-être des feuilles, à moins qu'il ne s'agisse de motifs aquatiques (coquillages ou poissons par exemple), enfin on ne sait plus bien, l'ensemble est avachi. Un siège c'est comme un corps, avec l'âge ça s'effondre, on s'effondre avec lui, tout comme on ne côtoie plus que des gens de son âge, c'est toujours rassurant la similarité. Rien de bien surprenant à ce que Meyer et l'autre l'aient trouvée assise là, repliée, quasiment dans le noir (la détresse n'invite pas aux promenades au soleil), au fond de la caravane où, au travers de rideaux minuscules, quelques rais de lumière éclairent péniblement un écran de télé, le dossier d'une chaise, une tablette, un pot de fleurs fanées, des épluchures de pomme, une sorte de lit caché sous un placard, un verre sale, une lettre.

Il s'avère que la mère ne sait pas tout. Dans ce cas une issue : on distille au compte-gouttes. L'autre regardera sa montre, Meyer bien sûr que non. Assis sur une chaise face à elle, Meyer commencera par le fils en costume s'échappant du camping et puis le vol n'est-ce pas d'une voiture de police, la poursuite à cent trente dans les rues de la ville, la course en Mercedes, la montée sur les marches, l'incendie, les secours et le reste, ça arrive ces choses-là, c'est rare mais ça arrive. Il faudra bien, n'est-ce pas, évoquer les deux flics disparus à cette heure, à ce propos l'hypothèse à creuser, peut-être serons-nous amenés à fouiller la pinède et retourner la terre, mais on n'en est pas là, pour l'instant sachez que nous sommes disponibles, enfin si vous voulez… n'est-ce pas, quand nous pourrons vous dire ce qu'a donné l'enquête. Et puis bien sûr n'est-ce pas, nous serons avec vous à la morgue de Nice… reconnaître le corps.

Guitte encaissera au début, puis flanchera légèrement, pleurnichera un petit peu, finalement à grosses larmes, totalement lessivée. Meyer aura beau lui serrer les deux mains, en vain. En outre ça tombe bien car arrivera Solange qui cueillera son amie mûre à point, bien défaite, repoussera sèchement les gendarmes – s'il vous plaît laissez-nous entre nous – et rejoindra la mère pour pleurer avec elle, très sincèrement bien sûr. Quand Meyer se sera incliné, lui et l'autre partiront. La télé restera silencieuse, inutile d'ajouter de la musique.

# 29

Ça se voit tout de suite, Diane est une femme de pouvoir. Elle a quoi, trente-huit ans, cheveux courts, corps sculpté par un club de fitness dernier cri, garde-robe élégante, tout à fait séduisante et des dents d'une blancheur synthétique. Comme en blouse on ne voit guère que ça – les jambes –, Diane ne se montre jamais autrement que chaussée de souliers de grande marque et lui cambrant le pied de façon effrontée, effronterie qu'elle souligne en claquant des talons. Mis à part des études de médecine à Paris, onze années de chefferie à la morgue de Nice, un célibat voulu et une voiture allemande, on ne sait rien de sa vie.

Diane vous adresse assez peu la parole, elle vous sourit rarement, ne commente jamais rien, se contente d'approuver ou rejeter d'un mouvement de la main et écrit des rapports. C'est une femme impeccable. Déroutante cependant quand on sait qu'elle se colle plaisamment aux sales tâches, même si c'est sa fonction que d'aller au charbon – de la levée d'un corps sur les berges d'un marais, une ligne TGV en pleine nuit par zéro, jusqu'à l'exploration des organes du défunt (l'ensemble débité soigneusement sur la table d'autopsie). Diane éprouve même un plaisir singulier à démonter un corps : inciser le scalp d'un temporal à l'autre, faire du crâne un œuf coque, déposer le cerveau dans un bol avant de s'attaquer au reste – du foie jusqu'aux ovaires –, le tout en masque à gaz (pardonnez ce détail), ce métier lui plaît bien. Donc Diane en a vu d'autres.

Pourtant là, faut l'admettre, même si Diane est très bonne à l'oral, elle chancelle légèrement. Elle a beau se donner de l'assurance, arpenter d'un pas franc le couloir séparant les frigos de la salle des familles, à mesure qu'elle s'approche de la porte, ralentit la cadence, elle sait de moins en moins comment montrer la chose. Il y a bien la technique de la voix chuchotée, des deux mains sur l'épaule, l'usage de mots bidon («ça ira», «c'est l'affaire d'une minute» ou encore «allons-y»), il y a bien la formule du sourire rassurant un peu niais, ou juste l'air contrit (on peut même essayer de ne rien faire du tout, imitant plus ou moins une pompeuse douleur muette), mais là, en l'occurrence, Diane se dit que, quoi qu'elle fasse, ça va tomber à plat. Quand elle vit de surcroît la maman ramassée, silencieuse, sur le fauteuil en skaï, le fauteuil orange pâle, un fauteuil d'une pâleur, d'une mollesse trahissant à elles seules le nombre incalculable de parents venus là reconnaître le corps d'un enfant mort, suicidé dans une grange, accidenté en ville ou buté dans un square… bref quand elle vit la maman ne pas lever les yeux quand elle poussa la porte, Diane se dit qu'après tout, s'asseoir sur la petite chaise dans le coin de la pièce, les chaussures l'une sur l'autre et les mains sur les genoux, attendre que ce soit elle, la mère, qui lui dise / allons-y ce sera fait / et répondre simplement ce sera fait suivez-moi, ça n'était pas plus mal.

Diane et Mam' empruntèrent le couloir qui menait aux frigos, Diane fit coulisser le sas ; comme il y faisait froid, Mam' serra son foulard vert, en enveloppa son cou et puis elle attendit. Il fallut vérifier, s'assurer que parmi la vingtaine de casiers le fils était bien au quatorze ; Diane ouvrit le loquet et sortit le tiroir qui glissa à hauteur du visage de la mère.

Et quand tout fut fini des procédures d'usage, les formulaires remplis, et scellé le cercueil sous les yeux de la mère, dans le taxi qui les ramenait à Cannes, à Solange qui grinchait à l'arrière, regrettait à mi-mot de n'avoir pas eu le droit de visiter la morgue – c'est quand même pas gentil de la part de la dame, c'est vrai, quand on vient soutenir une amie on vous laisse pas dehors –, à Solange dont la main s'empressa de serrer la sienne dès qu'elle se fut assise, Mam' adressa un regard dévasté. Incapable de parler, incapable de pleurer. Puis, comme la main de Solange la serra de plus belle, le regard sur la vitre, elle finit par parler du jabot, simplement du jabot, du jabot que le père avait il y a longtemps, qu'il portait pour les grandes occasions. Vous voyez, ma Solange, comment dire, c'est bizarre ce jabot, ce truc qu'est resté blanc alors que tout est noir. Sans ça, méconnaissable.

# 30

Ce qu'on va faire, voyez-vous, mon amie, c'est qu'on va attacher la portière au fauteuil, avec une grosse ficelle. Forcément vous devrez voyager à l'arrière mais de biais vous serez comme une reine. Toute façon c'était ça ou le train. Et les trains, pour Lestrem il y en a presque pas, faudrait y aller en bus. Et après, pour se rendre au cimetière, on serait bonnes pour marcher, j'ai regardé sur les cartes. Avec vos pauvres jambes, on serait pas arrivées.

À vue de nez, quand on regarde, entre Cannes et Lestrem il y a mille kilomètres. Et encore, pour une mouette. Parce que, en voiture, c'est une tout autre affaire. Sans compter que Solange affectionne les petites routes. Dans ce cas, impossible de prévoir, on sait que c'est plus long, de combien on l'ignore. Mais on roule tranquillement – ça tombe bien, avec des bouts de plastique scotchés sur la portière il vaut mieux éviter les gendarmes.

Dans un sens, mon amie, admettez que le temps qu'on va mettre on s'en fiche un petit peu, on part bien en avance, et au moins le dimanche on n'a pas les camions. Sur les routes de campagne il y a que les tracteurs. Et encore, s'il pleut pas. L'un dans l'autre on y gagne. Du moment qu'y a pas de vent. Parce que le vent, voyez-vous, ça déporte légèrement la voiture. Pas commode dans les courbes. Encore qu'avec vous à l'arrière, je ne devrais pas dire ça, mais c'est vrai ça se sent moins on dirait.

C'est conclu, on y va en voiture. Et c'est conclu aussi, Hélène ne préfère pas venir, tu as raison, petite, tu garderas de Flink une image plus jolie. Toute façon, mon enfant, avec ta patte en rade et la Fiat de Solange qu'est trop courte pour un plâtre / il vaut mieux rester là / faudra pas t'en vouloir / on pensera bien à toi / on lui mettra des fleurs.

On charge la Fiat 500, on part au petit matin, il fait froid mais on roule au soleil. Arrivées à Bouvante par la 131, pourquoi pas un détour par le pont de Brion au-dessus de l'eau verte, un méandre d'émeraude encaissé dans une gorge – regardez, mon amie, ces forêts et ce lac, attention n'allez pas vous pencher, c'est très haut. Et ensuite, après tout on a le temps, on peut bien s'arrêter déjeuner, c'est Solange qui finance. Et d'ailleurs pour noyer son chagrin quoi de mieux en automne qu'une bonne tête de veau, sauce gribiche, un peu de vin, un café, sans dessert. On reprend la 500 en pleine forme et cette fois c'est promis on fonce droit sur le Nord, on fera juste une pose à Belley pour goûter. Mais comme

Guitte donne des signes de fatigue à l'arrière, finalement on s'arrête pour dormir à Vincey. C'est pas cher les hôtels à Vincey, triste mais pas cher, y en a un qui fait même restaurant, c'est pratique. Demain on avisera, on regardera sur la carte, on prendra des croissants, on prendra du café, d'ici là, mon amie, faut dormir je vous sens fatiguée.

Le matin Guitte est muette – c'est le cafard qui la reprend à l'approche de Lestrem. On n'y est pas, mon amie, vous savez, faut manger, sur la carte je dirais qu'on a fait la moitié. Si on veut arriver pas trop tard pas question de s'arrêter aujourd'hui. Remarquez on a demain. Du moment qu'on y est pour onze heures. Dans un sens c'est pas mal que ce soit le matin l'enterrement, le matin les cimetières c'est moins triste.

À mesure qu'on remonte vers le nord le soleil se fait rare. Et soudain on se trouve en pleine nuit. Sous des nuages noirs comme ça. Un ciel de suie. C'est une sorte de frontière qu'on aurait traversée. On ne mange pas. On ne dit rien. Le chauffage de la Fiat est à fond. On s'arrête pour l'essence. Jusqu'au soir on n'entendra que le bruit du moteur, et une fois, à minuit, la petite pendulette électrique de la Fiat.

À Lestrem, le mardi, elles y seront vers dix heures – un problème de panneau, l'épuisement de Solange, un arrêt en forêt, réveillées par le froid, les derniers kilomètres, le café de Bernard, le fleuriste fermé et enfin le cimetière. Les habits du dimanche resteront dans le coffre. Guitte descendra de la Fiat, exténuée, poussera la porte du cimetière, empruntera les allées, s'arrêtera face aux tombes – celle de Flink encore vide –, aux deux tombes qu'elle ne put embellir de bouquets, et c'est elle qui cette fois pleurera.

C'est quatre types en noir qui porteront le cercueil devant M. le curé (que Solange arrosera d'un billet), un agent communal et un gars du cimetière, celui qui fait les trous. Arrivés aux abords de la fosse, l'agent déclamera un poème, le curé une prière, et Solange allumera un petit magnéto qui jouera l'adagio, son morceau préféré, enfin pour les cas de ce genre, l'adagio y en a qu'un, mon amie, c'est du Albinoni. Comme les piles s'épuiseront, étirant la musique dans une phrase devenant inaudible, Solange y mettra fin. On verra le cercueil s'enfoncer dans la tombe, Guitte y jettera une bonne poignée de terre et quand tout sera fini, la mère restera seule face à celle de Victoire.

Je vous attends là-bas, dira seulement Solange qui rejoindra la Fiat et branchera la radio pour briser le silence. Il est dans les midi. On y parle du Texas.

# 31

Il doit être huit heures. La télé ne s'adresse à personne, Hélène a coupé le son. Comme il fait un peu froid ce matin, elle a mis une veste. Une grosse veste en mouton retourné, celle de Flink, dégotée où, mystère. Flink, il disait qu'en Triumph, pour aller sur les côtes italiennes, il fallait une grosse veste. Un peu grande, mais elle l'aime, cette grosse veste, elle sent bon la vieille laine, elle sent bon son Jésus. Mam' a laissé du café, c'est du vrai cette fois-ci, alors elle s'en fait un, et avec, une tartine, qu'elle ne mange qu'à moitié. Elle est triste, tourne en rond, s'assoit sur le divan, la jambe droite étendue dans son plâtre, et là, elle regarde son pied en remuant ses orteils. Aujourd'hui il fait frais mais il y a du soleil qui traverse les pins, la lumière est jolie. Il y a même un rayon sur sa jambe abîmée. Rien que pour voir il faudrait qu'elle essaye de marcher comme avant, avec des talons hauts, comme aimait son Jésus. Alors elle chausse les rouges, celles que Flink aimait bien. Elle met le son de la télé pour briser le silence, elle descend les trois marches et se met prudemment, en boitant, à arpenter la terre entre les rangs de tomates comme si Flink était là, assis sur le perron, la main dans la culotte. Elle a les yeux embués. Du petit potager, elle perçoit seulement la lueur vacillante et bleutée de l'écran qui brille à travers la fenêtre de l'Airstream, et une rumeur lointaine.

On parle du Texas, d'un jeune type qui attend depuis dix ans. C'est confus. Elle n'entend que des mots. Couloir. Pénitencier. De toute façon c'est loin, c'est si loin le Texas. Et des histoires, dans le poste, il y en a tous les jours.

Mais qu'est-ce qu'ils croient, les gens.

*Composition Entrelignes (64)*
*Achevé d'imprimer*
*par la Nouvelle Imprimerie Laballery*
*à Clamecy, le 18 février 2014*
*Dépôt légal : février 2014*
*Numéro d'imprimeur : 402129*

ISBN : 978-2-07-014482-2 Imprimé en France

264518